中等职业学校教科书

思想政治

基础模块

职业道德与法治

教育部组织编写

高等教育出版社·北京

本册主编： 邱　吉
编写人员： （以姓氏笔画为序）
于文博　李红勃　李志强　宋友文　张会峰　张建娣
钟启东　姚郁卉

图书在版编目（CIP）数据

思想政治：基础模块. 职业道德与法治 / 教育部组织编写. -- 北京：高等教育出版社, 2023.8（2025.12 重印）
ISBN 978-7-04-060910-3

Ⅰ. ①思… Ⅱ. ①教… Ⅲ. ①政治课－中等专业学校－教材 Ⅳ. ①G634.201

中国国家版本馆CIP数据核字(2023)第130956号

思想政治　基础模块　职业道德与法治

教育部组织编写

责任编辑　黄曼琪　李易明
封面设计　赵　阳
责任绘图　裴一丹
版式设计　张　志
责任校对　马鑫蕊
责任印制　刁　毅

出版发行　高等教育出版社
社　　址　北京市西城区德外大街4号
邮政编码　100120
印　　刷　河北鑫彩博图印刷有限公司
开　　本　880 mm × 1240 mm　1/16
印　　张　8.75
字　　数　170千字
购书热线　010-58581118
咨询电话　400-810-0598
网　　址　http://www.hep.edu.cn
　　　　　http://www.hep.com.cn
版　　次　2023年8月第1版
印　　次　2025年12月第15次印刷
定　　价　12.25元

物料号　60910-A0

目 录

导　言

"法安天下，德润人心。"在全面建设社会主义现代化国家、全面推进中华民族伟大复兴的新征程中，要坚持以习近平新时代中国特色社会主义思想为指导，重视发挥道德与法律的作用，坚持依法治国和以德治国相结合，共同推进国家治理体系和治理能力现代化。道德与法律的关系是什么？如何坚持依法治国和以德治国相结合？新时代我们应如何提升职业道德素质和法治素养？这是学习本课程首先要明确的问题。

认识道德与法律的关系

阅读与思考

社会主义核心价值观是凝聚人心、汇聚民力的强大力量，必须把社会主义核心价值观融入法治建设、融入社会发展、融入日常生活。

▶2018年3月，第十三届全国人民代表大会第一次会议审议通过《中华人民共和国宪法修正案》，将"国家倡导社会主义核心价值观"写入宪法，确立了社会主义核心价值观在宪法中的地位，使其上升为国家意志，这是用法律推动社会主义核心价值观建设的生动实践。

▶2018年5月，中共中央印发的《社会主义核心价值观融入法治建设立法修法规划》，强调推动社会主义核心价值观全面融入中国特色社会主义法律体系，使法律法规更好地体现国家的价值目标、社会的价值取向、公民的价值准则，筑牢全国各族人民团结奋斗的共同思想道德基础。

▶2022年4月，第十三届全国人民代表大会常务委员会第三十四次会议通过新修订的《中华人民共和国职业教育法》，明确规定："实施职业教育应当弘扬社会主义核心价值观，对受教育者进行思想政治教育和职业道德教育，培育劳模精神、劳动精神、工匠精神，传授科学文化与专业知识，培养技术技能，进行职业指导，全面提高受教育者的素质。""职业学校学生应当遵守法律、法规和学生行为规范，养成良好的职业道德、职业精神和行为习惯。"

● 结合材料中社会主义核心价值观入法入规的相关内容，说说道德与法律的关系。

道德与法律作为两种基本的社会规则体系，以不同方式规范人类社会的交往行为，调整人与人、人与社会及人与自然之间的关系。道德以善恶为评价方式，主要依靠社会舆论、传统习俗和内心信念等约束和规范人们的行为；法律由国家制定或认可，是统治阶级意志的体现，通过权利、义务、责任等调整人的行为，主要依靠国家强制力保证实施。

> 法律是准绳，任何时候都必须遵循；道德是基石，任何时候都不可忽视。
>
> ——习近平

法律和道德又有共同性。法律是成文的道德，道德是内心的法律。道德与法律都能够规范社会行为、调节社会关系、维护社会秩序。法律有效实施有赖于道德支持，道德践行也离不开法律约束。在国家治理中既要重视发挥法律的规范作用，又要重视发挥道德的教化作用，实现道德与法律相辅相成。

坚持依法治国和以德治国相结合

阅读与思考

2021年9月，中共中央办公厅、国务院办公厅印发《关于加强网络文明建设的意见》，深入实施争做中国好网民工程，引导广大网民尊德守法、文明互动、理性表达，引导全社会提升网络文明素养，净化网络环境。坚持依法治理网络空间，把弘扬社会主义核心价值观贯穿网络立法执法司法普法各环节，发挥法律法规对维护良好网络秩序、树立文明网络风尚的保障作用。

截至2024年12月

我国网民规模达 **11.08亿**

较2023年12月增长 **1 608万**

互联网普及率达 **78.6%**

我国网民人均每周上网时长达到 **28.7个小时**

较2023年12月提升 **2.6个小时**

我国网民使用手机上网的比例达 **99.7%**
手机仍是上网的最主要设备

当前，我国网民规模超过10亿，在由网络大国迈向网络强国的进程中，需要坚持发展和治理相统一，法治和德治相结合，网上和网下相融合，共同构建网上美好精神家园。党的二十大强调，健全网络综合治理体系，推动形成良好网络生态。2023年2月13日，由中央网信办主办的“全国网络普法行”系列活动在浙江启动，随后，各类形式多样的网络普法活动在全国多地陆续开展。

- 结合实例，列举一个德治或法治在网络综合治理中发挥作用的事例。

以中国式现代化推进中华民族伟大复兴，要坚持依法治国和以德治国相结合，使法治和德治在国家治理中相互补充、相互促进、相得益彰，推进国家治理体系和治理能力现代化。

强化道德对法治的支撑作用。法律法规要树立鲜明道德导向，弘扬美德义行，立法、执法、司法都要体现社会主义道德要求，使社会主义法治成为良法善治。在道德教育中突出法治内涵，引导人们自觉履行法定义务、家庭责任、社会责任，营造全社会讲法治、守法治的文化环境。

> 法律是底线的道德，也是道德的保障。
> ——习近平

发挥法治对道德的保障作用。把道德要求贯彻到法治建设中，以法治承载道德理念，让道德有可靠的制度保障。运用法治手段解决道德领域突出问题。要坚持依法办事，让遵法守纪者扬眉吐气，让违法失德者寸步难行。

相关链接

一个有希望的民族不能没有英雄，一个有前途的国家不能没有先锋。但是，社会上诋毁、侮辱、诽谤英雄人物，丑化英雄人物形象，贬损英雄人物名誉，削弱其精神价值的现象时有发生。为杜绝此类现象，在全社会树立崇尚英雄、缅怀先烈的良好风尚，我国制定并通过了一系列相关法律，引导人们铭记英雄、捍卫英雄、学习英雄、关爱英雄。2014年，我国以立法形式确定了中国人民抗日战争胜利纪念日、中国烈士纪念日和南京大屠杀死难者国家公祭日。2015年12月，中共中央印发了《关于建立健全党和国家功勋荣誉表彰制度的意见》。2016年1月1日，《中华人民共和国国家勋章和国家荣誉称号法》正式施行。2018年5月1日，《中华人民共和国英雄烈士保护法》正式施行。2021年3月1日起施行的《中华人民共和国刑法修正案（十一）》增设侵害英雄烈士名誉、荣誉罪。

法律对任何亵渎、诋毁、抹黑英雄的行为进行严惩，这既依法保护了英雄人物的个人权益，又彰显了社会的公共价值，也是对社会主义核心价值观的弘扬。

提高全民法治意识和道德自觉。法律要发挥作用，首先全社会要信仰法律；道德要得到遵守，必须提高全体人民的道德自觉。因此，既要加强法治宣传教育，引导全社会树立法治意识；又要加强道德建设，提升全社会的思想道德素质。

提升职业道德素质和法治素养

阅读与思考

学习汽车运用与维修专业的张某毕业后，与某汽车服务公司签订了为期三年的劳动合同。合同约定：张某承担汽车维修岗位工作，在合同期内不得对外泄露公司的管理营销策略、核心技术、客户信息等商业机密事项，离职后两年内仍有保密义务，如违反约定，应赔偿公司损失。张某三年合同期满后，离职到当地某汽车4S店从事汽修工作，并把原单位的相关信息透露给新的工作单位。汽车服务公司以张某侵犯商业秘密为由诉至法院。法院审理认定，张某侵犯了汽车服务公司的商业秘密，判决张某向汽车服务公司赔偿经济损失。

- 张某的行为有什么不对的地方？案例对我们提高职业道德素质和法治素养有什么启示？

> 要在全社会弘扬精益求精的工匠精神，激励广大青年走技能成才、技能报国之路。
>
> ——习近平

道德素质是人们的道德观念、价值取向、道德情操、行为习惯等方面的综合体现，反映了一个人的道德风貌和思想境界。法治素养是人们学习法律知识、理解法律本质、运用法治思维、依法维护权利和依法履行义务的素质和能力。我们要成为高素质劳动者和技术技能人才、能工巧匠、大国工匠，不仅需要掌握过硬的职业技能，更需要有良好的职业道德素质和法治素养，大力弘扬劳动精神、劳模精神、工匠精神，走技能成才、技能报国之路。

“职业道德与法治”着眼于新时代新征程对高素质劳动者和技术技能人才的要求，是一门必修的思想政治课程。

学习“职业道德与法治”课程，能够帮助我们理解在全面建设社会主义现代化国家的新征程中坚持依法治国和以德治国相结合的重要作用；能够帮助我们理解坚持以习近平法治思想为指导，坚定不移走中国特色社会主义法治道路的重要意义；能够帮助我们了解职业道德与法律规范的内涵，增强职业道德和法治意识，养成爱岗敬业、依法办事的思维方式和行为习惯；能够帮助我们根据社会发展需要、结合自身实际，以道德与法律的要求规范自己的言行，做恪守道德规范、尊法学法守法用法的好公民。

第一单元 感悟道德力量

“国无德不兴，人无德不立。”道德，伴随着人生之旅的时时刻刻，体现于社会交往的方方面面。道德之于个人、之于社会，都具有基础性意义，做人做事第一位的是崇德修身。伟大时代呼唤伟大精神，崇高事业需要道德力量支撑。全面建设社会主义现代化国家，实现中华民族伟大复兴，必须加强公民道德建设，提高人民道德水准和文明素养。

为什么说道德对国家治理和人生发展都有重要作用？我国为什么坚持公民道德建设的社会主义方向？新时代加强公民道德建设有什么重大意义？学习本单元，我们将掌握道德的基本知识，感悟道德的力量，加深理解我国坚持社会主义道德观的重要意义，自觉传承中华传统美德，增强遵守社会公德、家庭美德和个人品德的自觉性，努力在社会上做一个好公民，在家庭里做一个好成员，在日常生活中养成好品行，为形成讲道德、尊道德、守道德的社会风尚作贡献。

第1课
追求向上向善的道德

“精神的力量是无穷的，道德的力量也是无穷的。”在日常生活中，我们通过学习榜样感受道德魅力，领悟和传递道德力量。学习本课，我们将了解道德的作用，认识中华民族优良道德传统，理解社会主义道德深深植根于中华民族优良道德传统之中，始终坚持道德建设的社会主义方向，感悟加强新时代公民道德建设的重要性。

一、传承中华民族优良道德传统

1. 道德的作用

阅读与思考

表示四通八达的道路。这就是后来“行走”的“行”字。

在人的眼睛上面画一竖线，表示人在走路时紧盯前方，目不斜视。这就是后来“正直”的“直”字。

“德”在甲骨文中，是“行”和“直”的组合，表示人要遵循规律，走正道，不要误入歧途。这正是道德的“德”最初的含义，反映出古人遵照正确原则行事的道德观念。

- 结合“德”的本义，谈谈对“国无德不兴，人无德不立”的理解。

道德为人类社会所特有，遍及公共生活、职业生活、家庭生活、个人生活的各个角落。不管我们是否意识到，无论我们身在何方，时时处处都会感受到道德的约束或鼓舞。

道德作为反映社会经济关系的特殊社会意识形态，是由社会经济关系决定的，不同的时代有不同的道德要求。在阶级社会，不同的阶级有不同的道德观。道德有不同的层次，人们沿着道德的阶梯循序渐进地向上攀登，不断提升道德境界，就能成为有高尚道德情操的人。

相关链接

人们常用好与坏、善与恶等标准对人或事作出评价，这是道德评价发挥作用的特点。日常生活中，社会舆论会对人们的思想和行为作出评价，“有口皆碑”“千夫所指”等词汇就是道德评价的具体体现。同时，人们内心也存在“道德法庭”，当一个人违反道德时，即使没有被强制要求承担责任，心里也会感到不安，这也是道德评价发挥作用的表现。

> 只要中华民族一代接着一代追求美好崇高的道德境界，我们的民族就永远充满希望。
>
> ——习近平

道德是衡量一个国家或民族的发展水平和文明程度的重要标尺，对国家治理和社会发展具有重要意义。道德作为一种国家治理手段，可以规范人们行为，调节人际关系，维护社会秩序，促进社会和谐；道德作为一种精神力量，可以为经济社会的发展提供重要的精神支撑，是实现中华民族伟大复兴的强大精神动力。

道德是衡量个人素质水平的重要标尺，对每个人的人生发展和成长成才具有重要意义。高尚的道德能够帮助人们建立良好人际关系，培养坚强的意志品质，提高精神境界，促进自我完善和全面发展。

2. 自觉传承中华传统美德

阅读与思考

近年来，一些深受观众喜爱的文化类电视节目在讲述中华传统美德故事、传承中华优秀传统文化方面发挥了很好的作用。

《经典咏流传》将经典诗词与现代音乐结合起来，以现代的唱法和曲调来呈现中华优秀传统文化。《中国诗词大会》以“赏中华诗词，寻文化基因，品生活之美”为宗旨，利用诗歌、诗词来进行传统经典教育与道德教育。

- 分享一个中华传统美德故事，说说还有哪些传承中华传统美德的方法。

传统道德是历史上不同时代人们的行为方式、风俗习惯、价值观念和文化心理的集中体现，是对道德实践经验的提炼和总结。对待传统道德要取其精华，去其糟粕。中华传统美德是传统道德的精华部分，是中华文化的精髓，是道德建设的不竭源泉。

> 中华传统美德是中华文化的精髓，蕴含着丰富的思想道德资源。
> ——习近平

相关链接

中华传统美德常常通过格言、诗句以及杰出人物的感人故事，以润物无声的方式深入人心，如“富贵不能淫，贫贱不能移，威武不能屈”“人生自古谁无死，留取丹心照汗青”“天下兴亡，匹夫有责”等格言诗句；大禹治水、屈原投江、苏武牧羊、岳飞精忠报国等故事。

中华民族在长期实践中培育和形成了独特的思想理念和道德规范，有讲仁爱、重民本、守诚信、崇正义、尚和合、求大同等思想，有自强不息、敬业乐群、扶正扬善、扶危济困、见义勇为、孝老爱亲等传统美德。

中华传统美德经过长期的积淀，已经深深融入中华民族的思维方式、价值观念、行为方式和风俗习惯之中，为个人成长成才提供精神营养，为道德建设提供有益启发，为治国理政提供重要启示，成为社会主义道德建设的源头活水。

源远流长的中华传统美德在几千年的历史长河中熠熠生辉。我们要以礼敬自豪的态度对待中华传统美德，从内心深处真正认可，从情感深处真正接受，大力弘扬古圣先贤、民族英雄、志士仁人的嘉言懿行，把中华传统美德内化为精神追求，外化为自觉行动。

启思导行

学校积极落实“推进中华传统美德进校园、进课堂、进头脑”的要求，组织全体学生开展“中华传统美德职教行”活动，目的是大力弘扬中华传统美德，努力夯实文化自信基础，培养具有良好社会公德、职业道德、家庭美德、个人品德的时代新人。

- 以小组为单位，从活动内容、活动素材、活动步骤、活动要求、组织实施、注意事项等方面，为活动提出合理化建议。

二、弘扬社会主义道德

1. 坚持道德建设的社会主义方向

阅读与思考

“全国道德模范”，是2007年以来由中央宣传部、中央文明办等部门举办的评选表彰活动。该活动通过大力开展道德模范学习宣传，形成学习道德模范、崇尚道德模范、争当道德模范的浓厚氛围，有力促进了公民道德建设深入发展。

“我推荐我评议身边好人”，是2008年以来由中央文明办组织开展的网上活动。该活动发动广大网友和城乡基层干部群众举荐身边好人好事，定期推评“中国好人”，生动讲述新时代身边好人故事，集中展示平凡英雄风采，在全社会营造学习好人、宣传好人、关爱好人、争当好人的浓厚氛围。

“时代楷模”，是2014年以来由中央宣传部集中组织宣传的全国重大先进典型。这些“时代楷模”充分体现“爱国、敬业、诚信、友善”的价值准则，充分体现中华传统美德，是具有很强先进性、代表性、时代性和典型性的先进人物。他们的事迹厚重感人、道德情操高尚、影响广泛深远。

- 结合材料，说说“全国道德模范”“中国好人”“时代楷模”活动如何体现了坚持道德建设的社会主义方向。

中国共产党领导人民在革命、建设、改革历史进程中，坚持马克思主义关于人类美好社会的理想，继承中华传统美德，发扬中国革命道德，创造形成了引领中国社会发展进步的社会主义道德体系，为新时代开创中国特色社会主义新局面提供了坚强思想保证和强大精神力量。

相关链接

中国革命道德是中华传统美德的延续和发展，是中华民族极其宝贵的道德财富。其主要内容包括：全心全意为人民服务，始终把革命利益放在首位，树立社会新风、建立新型人际关系，修身自律、保持节操等思想及道德要求。

社会主义道德建设以马克思主义为指导。马克思主义是科学的理论，创造性地揭示了人类社会发展规律，是我们立党立国、兴党兴国的根本指导思想。在当代中国，只有以马克思主义道德观、社会主义道德观引领社会文明进步，倡导共产主义道德，才能始终保持公民道德建设的社会主义方向，才能与中国特色社会主义道路同向同行。

相关链接

共产主义道德是人类历史上最高的道德类型，是无产阶级和广大劳动人民在同资产阶级斗争的革命实践中产生的，并在马克思主义和无产阶级政党的指导下逐渐形成科学的体系。它要求人们要以集体主义原则和全心全意为人民服务的崇高品质，以大公无私、先人后己、先公后私的精神处理好个人与社会的关系。它是人类社会上升到更高的水平的道德，也是人的自由全面发展所追求的理想状态。

社会主义道德建设以为人民服务为核心。以为人民服务为核心，是社会主义道德的本质要求，是社会主义道德区别和优越于其他社会形态道德的显著标志。在社会主义社会，人民是国家的主人，每个人都是服务的对象，又都为他人服务，全体人民通过社会分工和相互服务来实现共同利益。只有坚持以为人民服务为核心，调动人民群众的积极性、主动性、创造性，才能充分激发出内在的道德自觉和道德追求。

社会主义道德建设以集体主义为原则。在我国，国家利益、集体利益和个人利益根本上的一致性，使得集体主义能在全社会范围内贯彻实施。只有坚持以集体主义为原则，把国家利益和集体利益放在首位，充分尊重和维护个人的正当利益，才能促进社会和个人和谐发展。

> 只有在共同体中，个人才能获得全面发展其才能的手段，也就是说，只有在共同体中才可能有个人自由。
>
> ——马克思、恩格斯

相关链接

根据我国现阶段经济社会生活和人们思想道德的实际，集体主义分为三个层次。

顾全大局、遵纪守法、热爱祖国、诚实劳动，以正当合法的手段保障个人利益。这是对公民最基本的道德要求。

先公后私、先人后己，即自觉把集体利益放在个人利益之上，在维护集体利益的前提下，实现个人的正当利益。这是已经具有较高社会主义道德觉悟的人能够达到的要求。

无私奉献、一心为公，即时时处处为集体利益着想，并甘愿为集体牺牲一切。这是集体主义的最高层次，是优秀共产党员、先进分子应努力达到的道德目标。

社会主义道德建设以爱祖国、爱人民、爱劳动、爱科学、爱社会主义为基本要求。这为我国全体公民确立了明确的道德目标和人生价值取向。只有以“五爱”为基本要求，倡导心中有他人、心中有集体、心中有人民、心中有祖国，才能把爱国情、强国志、报国行自觉融入实现中华民族伟大复兴中国梦的奋斗之中。

2. 加强新时代公民道德建设

阅读与思考

李培生、胡晓春在黄山风景区分别从事环卫保洁和迎客松守护工作。他们攀登山石之上，行走峭壁之边，以山为伴，与松为邻，日复一日、年复一年地坚守在自己的岗位上，通过辛勤的劳动保证了景区的清洁与安全。2012年和2021年，他们先后入选敬业奉献类“中国好人”。

2022年8月13日，习近平给李培生、胡晓春回信，殷切期望他们继续发挥“中国好人”的榜样作用。习近平在回信中说，你们长年在山崖间清洁环境，日复一日呵护着千年迎客松，用心用情守护美丽的黄山，充分体现了敬业奉献精神。“中国好人”最可贵的地方就是在平凡工作中创造不平凡的业绩。希望你们继续发挥好榜样作用，积极传播真善美、传递正能量，带动更多身边人向上向善，弘扬社会主义核心价值观，争做社会的好公民、单位的好员工、家庭的好成员，为实现中华民族伟大复兴奉献自己的光和热。

- 了解李培生、胡晓春等“中国好人”事迹，结合材料，说说为什么要加强新时代公民道德建设。

中国特色社会主义进入新时代，加强公民道德建设、提高全社会道德水平，是适应社会主要矛盾变化、满足人民对美好生活向往的迫切需要，是促进社会全面进步、人的全面发展的必然要求。

相关链接

党的十八大以来，以习近平同志为核心的党中央高度重视公民道德建设，培根铸魂、正本清源，作出一系列重要部署，推动思想道德建设取得显著成效。党中央先后颁布了《培育和践行社会主义核心价值观行动方案》和《新时代公民道德建设实施纲要》等文件，以广泛践行社会主义核心价值观为主线，大力弘扬时代新风。充分发挥党员干部和公众人物示范作用，积极宣传先进典型的感人事迹和崇高品格，持续发布“最美人物”“时代楷模”“中国好人”，连续开展“全国道德模范”评选活动。深入开展各类新时代文明实践活动，着力推进文明城市、文明村镇、文明单位、文明校园、文明家庭创建。推出一批反映时代呼声、陶冶高尚情操的优秀文艺作品，《中国诗词大会》《开讲啦》《朗读者》等一大批文化类、公益类创新节目点亮电视荧屏，为全国各族人民提供了强大的精神力量、丰润的道德滋养。

加强新时代公民道德建设，是推进中国特色社会主义事业的一项基础性、战略性工程，是一项长期而紧迫、艰巨而复杂的任务。要把社会公德、职业道德、家庭美德、个人品德建设作为着力点，筑牢理想信念之基，广泛践行社会主义核心价值观，传承中华传统美德，弘扬民族精神和时代精神。

> 人民有信仰，国家有力量，民族有希望。
>
> ——习近平

相关链接

信仰指引人生方向，引领道德追求。要坚持不懈用习近平新时代中国特色社会主义思想武装头脑，打牢信仰信念的思想理论根基。要不断增强道路自信、理论自信、制度自信、文化自信，把共产主义远大理想与中国特色社会主义共同理想统一起来，把实现个人理想融入实现国家富强、民族振兴、人民幸福的伟大梦想之中。

青年兴则国家兴，青年强则国家强。青年学生要适应新时代新要求，在勤学求知中加强道德修养、注重道德实践，在知行合一上下功夫，努力成为担当民族复兴大任的时代新人。

启思导行

- 开展“寻找身边感动人物”活动，为他们写颁奖词。

身边感动人物：____________________

____

为他们写出颁奖词：____________________

____

____

____

第2课 让美德照亮幸福人生

“赠人玫瑰，手有余香。”美德如一缕温暖的阳光，照亮人生的每一个角落。美德既能温暖别人，也能快乐自己。学习本课，我们将懂得美德对社会文明、家庭幸福、人生发展的重要性，明确社会公德、家庭美德、个人品德的主要内容，自觉在社会上做一个好公民、在家庭里做一个好成员，并在日常生活中养成好品行。

一、做讲社会公德的好公民

1. 社会公德是衡量社会文明程度的重要标志

阅读与思考

身边的社会公德

遵守规则，文明阅读

绿色出行，有序停放

文明观赛，秩序井然

垃圾分类，低碳环保

- 结合材料，谈谈社会公德与社会文明的关系。

社会公德是人们在社会交往和公共生活中应当遵循的行为准则，涵盖了人与人、人与社会、人与自然之间的关系。社会公德要求全体社会成员共同遵守，是衡量社会文明程度的重要标志。

社会公德促进公共生活和谐有序。社会公德有助于形成井然有序的公共环境和良好的社会秩序，增进人与人之间的信任，形成团结互助的人际关系，不断提升人们的获得感、幸福感、安全感。

相关链接

推动形成良好网络生态，抓好网络空间道德建设，是新时代公民道德建设的重要内容。我们要文明上网、遵德守法、文明互动、理性表达，远离不良网站，防止网络沉迷，自觉维护良好网络秩序，争做中国好网民。

2021年11月19日，以“汇聚向上向善力量，携手建设网络文明”为主题的首届中国网络文明大会在北京开幕。大会发布了《共建网络文明行动倡议》，旨在坚持以人民为中心的发展思想，大力发展积极健康的网络文化，净化网络生态、滋养网络空间，满足亿万网民对美好生活的向往。

社会公德助力经济社会健康发展。社会公德有助于保证生产经营安全和经济活动有序，营造良好的营商环境，推动形成公正和谐的良好社会风尚。

相关链接

在深圳40多年发展历程中，社会公德建设发挥了重要支撑与推动作用。深圳人民注重社会公德养成，深入推进“关爱之城”建设，积极参与公益志愿活动。深圳连续6次荣获“全国文明城市”荣誉称号，连续18年开展关爱行动。如今，许多知名企业在深圳落地生根，深圳已经成功蜕变为中国乃至世界领先的科技中心。深圳以崇德向善、成风化人的社会公德建设为经济社会发展注入源源不竭的动力，营造了和谐的发展环境，创造了举世瞩目的“深圳奇迹”。

社会公德提升国家文明形象。在对外交流交往中，要遵守社会公德，尊重他国的文化习俗，维护国家荣誉和利益，展现可信、可爱、可敬的中国形象，为我国发展创造良好的外部舆论环境。

2. 遵守社会公德人人有责

阅读与思考

同学们就遵守社会公德的话题展开讨论，各抒己见。

社会公德维护公共利益，每个人都要遵守。

社会公德很重要，要做文明有礼的好少年。

对熟悉的人应该讲社会公德，对不熟悉的人没必要。

- 上述观点是否正确？简要说明理由。

遵守社会公德，人人有责。每个人都要践行以文明礼貌、助人为乐、爱护公物、保护环境、遵纪守法为主要内容的社会公德，自觉在社会上做一个好公民。

文明礼貌，是人际交往的基本要求，体现了对他人的尊重，能促进有效沟通，减少矛盾冲突。要自觉遵守交通出行、旅游就餐、观影观赛等社会交往和公共活动中的文明规范，衣冠整洁、言谈得体、举止文明、待人有礼。

助人为乐，是一种高尚的道德情操，体现了对他人的关爱，有助于形成团结互助的良好社会风尚。要主动承担社会责任，热心社会公益，热诚关爱他人，养成助人为乐的习惯。

> 积小善为大善，善莫大焉。当有人需要帮助时，大家搭把手、出份力，社会将变得更加美好。
>
> ——习近平

相关链接

雷锋精神影响了一代代中国人。郭明义、庄仕华、孙茂芳等“当代雷锋”以实际行动书写了新时代的雷锋故事，使雷锋精神代代相传。

“雷锋传人”郭明义，坚信奉献使人快乐、助人使人幸福，数十年如一日帮别人排忧解难。

“妙手仁心”好军医庄仕华，把救死扶伤的手术台当作传承雷锋精神的大舞台，用赤子情怀架起了党同边疆各族人民的“连心桥”。

“京城活雷锋”孙茂芳，坚持传承创新学雷锋，甘当空巢老人的“小棉袄”、残疾人的“小拐杖”、有困难人的“小油灯”、青少年成长的“小雨滴”、雷锋精神的“小广播”。

爱护公物，是每个公民应承担的法律义务和道德责任，体现了对社会共同劳动成果的珍惜和对劳动人民的尊重，是人们进行公共活动的基本保证。要以主人翁的态度珍惜、爱护公物，敢于同一切破坏或侵占公物的现象作斗争。

相关链接

爱护公物，我们要做到：

- 爱护教学设备、学校建筑等学校公物。
- 爱护健身器材、公益广告牌、通信线路、交通设施等公共设施。
- 珍惜水资源、矿产资源、森林资源等自然资源。
- 保护古遗址、古建筑、历史雕塑等文物古迹。

……

保护环境，是对人类生存发展的共同利益和长远利益的维护，是功在当代、利在千秋的事业，体现了人类尊重自然、顺应自然、保护自然的道德责任。要遵守生态环境保护相关法律法规，增强节约意识、环保意识和生态意识；遵守公民生态环境行为规范，身体力行简约适度、绿色低碳的生活方式，自觉实行垃圾分类，共建天蓝、地绿、水清的美好家园，促进人与自然和谐共生。

相关链接

2023年，为引领公民践行生态环境保护义务和责任，做生态文明理念的积极传播者和模范践行者，携手共建人与自然和谐共生的现代化，生态环境部、中央文明办、教育部、共青团中央、全国妇联五部门联合发布了《公民生态环境行为规范十条》。

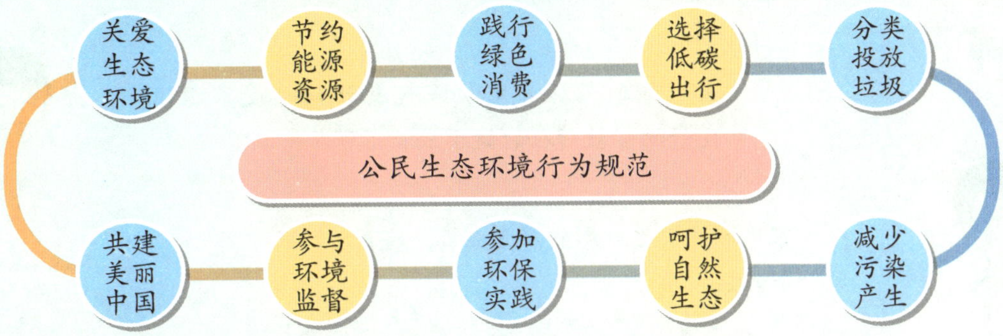

遵纪守法，既是公民的法定义务，也是社会公德最基本的要求，有助于保障社会有序运转和人民正常生活。要深刻认识遵纪守法的重要性，自觉增强遵纪守法观念，在保证自身安全的情况下，敢于同违法乱纪、危害社会的现象作斗争。

做讲社会公德的好公民，要树立公德观念，恰当处理个人利益与公共利益的关系；奉献爱心，积极参与公益事业；增强责任心，主动监督违反社会公德的言行；从身边小事做起，注重细节，养成遵守社会公德的好习惯，推动良好社会风尚的形成。

启思导行

校园生活是公共生活的重要组成部分，创建文明校园是提升学生社会公德的重要途径。

- 学校组织“校园文明从我做起”活动，寻找校园生活中不同场所存在的文明行为和不文明行为，对创建文明校园提出建议。

	文明行为	不文明行为	建议
教室			
宿舍			
食堂			
实训室			

二、做守家庭美德的好成员

1. 家庭美德是家庭幸福的精神滋养

阅读与思考

如何让家庭美德在家庭的沃土上绽放，人们有不同的感受和见解。

家规有利于弘扬家庭美德，每个家庭应该按照文明家庭的要求订立家规。

每个人从牙牙学语起就开始接受家教，良好的家教对人的健康成长不可或缺。

家风潜移默化地影响家庭成员，培育良好家风十分重要。

- 结合自己了解的实例，谈谈家规家教家风对弘扬家庭美德、促进家庭幸福与社会和谐稳定的作用。

家庭美德是公民在家庭生活中应该遵守的行为准则，对塑造公民良好品德，促进家庭幸福与社会和谐有重要作用。

家庭美德是塑造公民良好品德的起点。家庭是人生的第一个课堂，父母是孩子的第一任老师。每个家庭应注重言传身教，把美好的道德观念传递给孩子，引导他们从小就培养做人的气节，扣好人生的第一粒扣子，迈好人生的第一个台阶。

相关链接

家训影响深远，对个人成长起着教化作用。诸葛亮的《诫子书》和颜之推的《颜氏家训》等，都是在倡导一种家风。

非淡泊无以明志，
非宁静无以致远。
——《诫子书》

夜觉晓非，
今悔昨失。
——《颜氏家训》

家庭美德是家庭幸福美满的保障，是社会和谐的基石。家庭不只是人们身体的住处，更是人们心灵的归宿。家庭美德为人们处理好家庭关系提供了价值标准，有助于促进家庭和睦美满。家庭的前途命运同国家和民族的前途命运紧密相连，建设好自己的“小家”，服务好“大家”，使千千万万个家庭成为国家发展、民族进步、社会和谐的重要基点。

相关链接

《中华人民共和国民法典》（节选）

第一千零四十三条 家庭应当树立优良家风，弘扬家庭美德，重视家庭文明建设。

夫妻应当互相忠实，互相尊重，互相关爱；家庭成员应当敬老爱幼，互相帮助，维护平等、和睦、文明的婚姻家庭关系。

2. 为建设幸福和睦家庭尽责任

阅读与思考

自2013年起，中央广播电视总台每年都会举办“寻找最美孝心少年”大型公益活动，评选出最美孝心少年。他们有的孝敬父母，孝敬长辈；有的为父母排忧解难，帮父母照顾弟弟妹妹，代父母担当家庭责任；还有的自强不息、阳光向上、奋发有为。

- 查阅资料，分享“最美孝心少年”故事，并谈谈我们如何为建设幸福和睦家庭尽责任。

我们倡导的家庭美德，继承了中华民族传统家庭美德，注入了新的时代精神。建设幸福和睦家庭，要注重家庭、注重家教、注重家风，自觉践行以尊老爱幼、男女平等、夫妻和睦、勤俭持家、邻里互助为主要内容的家庭美德，让美德在家庭中生根，在亲情中升华。

> 中华民族传统家庭美德铭记在中国人的心灵中，融入中国人的血脉中，是支撑中华民族生生不息、薪火相传的重要精神力量，是家庭文明建设的宝贵精神财富。
>
> ——习近平

尊老爱幼，是中华民族的传统美德，是社会发展的必然要求。要树立孝敬父母、尊敬长辈、爱护幼小的责任意识，保护老人、儿童的合法权益，促进家庭和顺美满。

相关链接

尊老爱幼的方式有很多：经常给父母打电话谈谈自己的情况，让父母放心；经常看望爷爷奶奶、外公外婆，陪他们聊天解闷；礼遇敬重身边的老人，力所能及地为他们解决困难；在重阳节、儿童节组织慰问、关爱活动，为孤寡老人、留守儿童送温暖……

男女平等，是家庭和睦的前提，是社会进步的体现，也是我国的一项基本国策。要树立男女平等观念，承认和尊重不同家庭成员在家庭中的人格平等、地位平等、权利义务平等，还要注重发挥家庭成员各自的独特作用。

夫妻和睦，是婚姻美满、家庭幸福的基础。夫妻双方要在人格上平等相待、相互敬重，在爱情上相互忠诚、相互信任，在家庭生活中共担责任、互谅互让，同舟共济、相濡以沫。

勤俭持家，是家庭兴旺和社会富足的保证。要树立幸福源自劳动和奋斗的观念，体谅父母的辛苦操劳，树立合理的消费观念，拒绝奢华和浪费，养成勤俭节约、绿色低碳的生活方式。

相关链接

勤俭持家要从日常生活做起

不向父母提出超出正常需要或超出家庭经济负担能力的要求。	学会料理个人生活，自己的衣物用品收放整齐。	体贴、帮助父母和长辈，主动承担力所能及的家务劳动，关心照顾亲人。	尊重父母劳动所得，珍惜粮食，节约用电、用水、用纸等。	生活俭朴，不互相攀比，不乱花钱。

邻里互助，是影响家庭幸福与社会和谐的重要因素。构建守望相助、和睦相处的邻里关系，需要视邻里友情如家庭亲情，本着相互尊重、互谅互让、互帮互助的原则，恰当处理邻里之间的纠纷，热情帮助有困难的邻居，努力实现邻里一家亲。

我们是家庭的重要成员，要积极弘扬践行家庭美德，感念父母养育之恩，感念长辈关爱之情，孝敬父母、尊重长辈、回报家庭、回馈社会，推动形成爱国爱家、相亲相爱、向上向善、共建共享的社会主义家庭文明新风尚。

启思导行

从先秦到明清，中国古代流传下来的家训不计其数，成为中华民族独具特色的文化传统。

- 搜集我国家训中的经典名篇名句，并与大家分享。

三、在日常生活中养成好品行

1. 个人品德是安身立命的根本

阅读与思考

尊敬老师、团结友爱、乐于助人的同学，老师、家长会夸他们品德好、有修养，同学也喜欢与他们交往。

在工作中一丝不苟、热情服务的人，同事、服务对象会称赞他们道德品质好，他们常常有更大的发展潜力。

我们常常被“道德模范”“最美人物”“身边好人”的事迹感动，并潜移默化地受到他们的影响。

- “品德好”“有修养”对个人和社会有哪些影响？

个人品德是一个人思想境界和道德品质的总和，集中体现了道德认知、道德情感、道德意志、道德信念和道德行为的内在统一。个人品德既是每个人安身立命的根本，也是衡量社会道德水准的重要指标。

个人品德影响人生发展的方向。个人品德决定着一个人在实际生活和社会实践中的行为选择，也为个人整体素质的培养、锻炼和完善，规划目标、指明方向。一个没有良好道德品质和思想修养的人，即使有丰富的知识、高深的学问，也难成大器。

> 有才无德会坏事，有德无才会误事，有德有才方能干成事。
>
> ——习近平

良好的个人品德是人际和谐的基础。在人际交往中，人们通常把个人品德作为交友的首要标准。自私自利、品德差的人，人们都不愿与其交往；具有善良、真诚等良好品德的人，更容易赢得尊重和信任，更容易建立良好的人际关系。

相关链接

“德不孤，必有邻。”这句话出自《论语·里仁》，意思是说，有道德的人是不会孤单的，一定有志同道合的人来和他相伴。相反，品德不好的人往往会让人厌弃，避之不及。

加强个人品德建设，奠定全社会道德基石。社会公德、职业道德、家庭美德等社会道德规范，只有内化为公民的个人品德，外化为自觉的道德行为，社会道德水平才能提高。同时，个人品德的提升，可以影响和带动更多的人崇德向善，从而广泛推动社会发展进步。

2. 以实际行动促进全社会向上向善

阅读与思考

志愿服务精神是奉献、友爱、互助、进步。志愿服务已经成为学生参与社会实践、成长成才的重要舞台，成为关爱他人、传播青春正能量的重要途径。当前，越来越多的学生积极投身志愿服务活动，在国际国内大型活动中提供优质高效的服务，在社区、家庭志愿服务中为特殊困难群体送温暖、献爱心，在参与教育、科技、文化、卫生等帮扶行动中长知识、强本领、增才干。

中国青年志愿者标志

- 通过网络等多种途径，了解学校、社区有哪些志愿服务活动。
- 结合自身实际，谈谈参加志愿服务活动的收获。

个人品德以爱国奉献、明礼遵规、勤劳善良、宽厚正直、自强自律为主要内容。要在崇德向善的实践中感受道德的力量，逐渐在日常生活中养成好品行。

爱国奉献，是中华民族不竭的精神动力和传统美德，也是推动社会前进的巨大力量。要坚持爱党爱国爱社会主义相统一，维护祖国统一和民族团结，尊重和传承中华民族历史和文化，立足中国又面向世界，自觉把自己的人生理想同祖国的前途、民族的命运紧密联系在一起，扎根人民，奉献国家。

> 爱国，不能停留在口号上，而是要把自己的理想同祖国的前途、把自己的人生同民族的命运紧密联系在一起，扎根人民，奉献国家。
>
> ——习近平

相关链接

在党的百年奋斗历程中，爱国奉献的先进典型层出不穷。特别是党的十八大以来，全国涌现出一大批新时代爱国奉献的先进典型。他们满腔赤诚、无私奉献，用行动诠释了爱国奉献的精神实质。习近平多次作出重要指示，号召全国人民向这些英雄模范学习。

王继才

26岁登上开山岛，30多年风雨无阻、坚守黄海前哨。

张富清

枪林弹雨中九死一生，在贫困山区60多年坚守初心、不改本色。

卓嘎、央宗姐妹

在高原边境几十年如一日，默默守护祖国领土。

罗阳

投身祖国航空事业30年，兢兢业业、攻坚克难到生命最后一刻。

明礼遵规，是良好道德素养的具体体现。要继承中华民族重礼仪、讲礼貌的优良传统，遵守行业规章制度、市民公约、乡规民约、学生守则等行为准则，按照现代文明要求的社会礼仪、服装服饰、文明用语规范自己的言行举止。

勤劳善良，是获得幸福生活的源泉。要热爱劳动、勤奋努力、不怕苦累，用自己的双手创造美好生活；要与人为善，主动为他人解急救难、雪中送炭；受到他人帮助，要心怀感激、知恩图报。

宽厚正直，是为人处世的重要品行。要宽容厚道、宽以待人，要胸怀坦荡、公正刚直、扬善去恶，要敢于坚持正义、勇于承认并改正错误。

自强自律，是个人成功的必备素质。要以积极、乐观、进取的人生态度对待人生的成败得失，自尊自信、自强不息，自我约束、严于律己，在实现人生价值的过程中为社会作出应有的贡献。

个人品德的提升重在实践，贵在坚持。要投身崇德向善的实践，以实际行动促进全社会向上向善。

启思导行

每年的 3 月 5 日是“学雷锋纪念日”。

● 班级组织“学雷锋做好事”主题活动。与同学分组制订活动计划，并在活动完成后作出活动总结。

活动目的：________________

活动时间：________________

活动地点：________________

活动形式：________________

活动内容：________________

活动总结：________________

内容概览

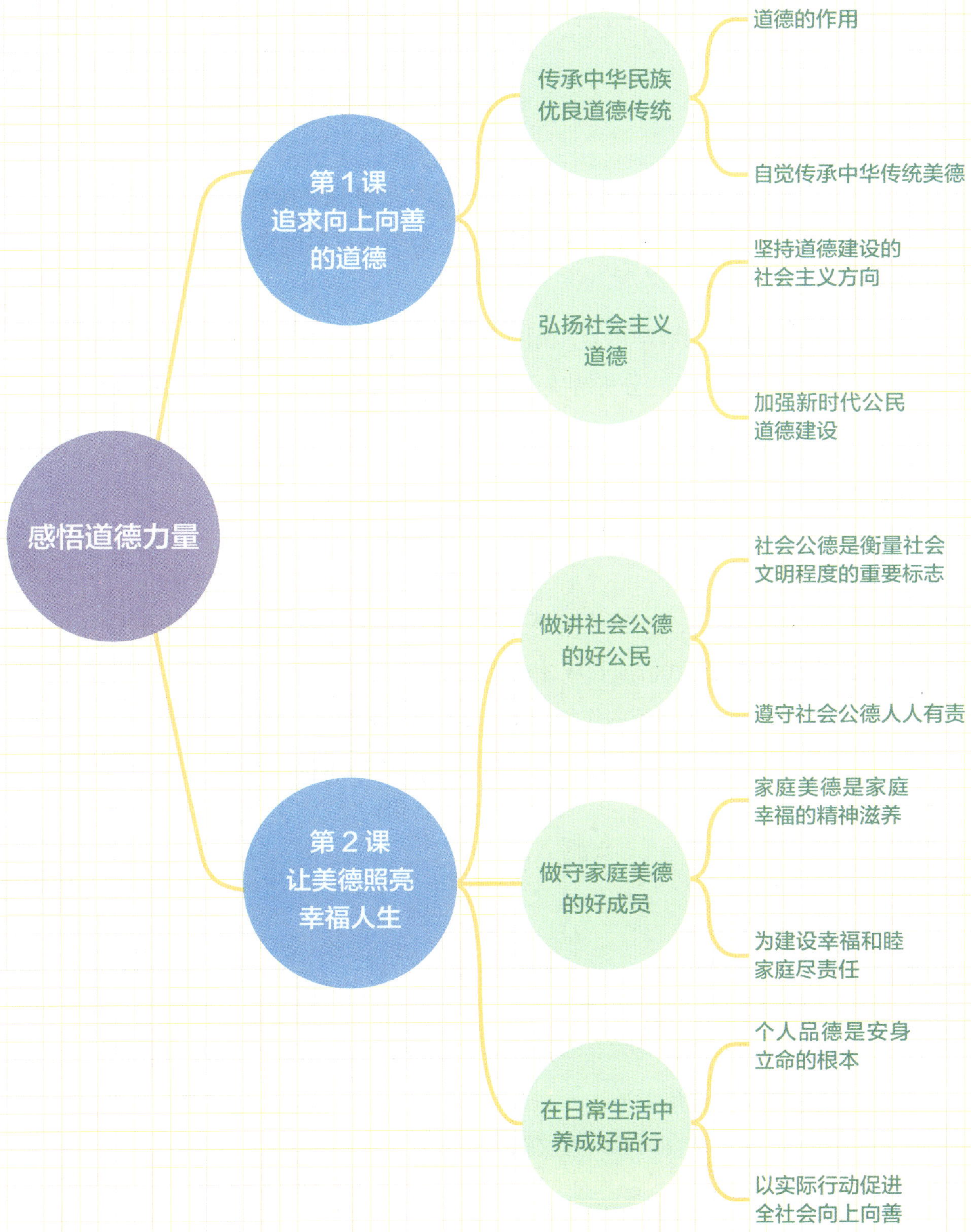
感悟道德力量
第 1 课
追求向上向善
的道德
传承中华民族
优良道德传统
道德的作用
自觉传承中华传统美德
弘扬社会主义
道德
坚持道德建设的
社会主义方向
加强新时代公民
道德建设
第 2 课
让美德照亮
幸福人生
做讲社会公德
的好公民
社会公德是衡量社会
文明程度的重要标志
遵守社会公德人人有责
做守家庭美德
的好成员
家庭美德是家庭
幸福的精神滋养
为建设幸福和睦
家庭尽责任
在日常生活中
养成好品行
个人品德是安身
立命的根本
以实际行动促进
全社会向上向善

学以致用

追求讲道德尊道德守道德的生活

学习本单元内容，我们对道德的力量有了更深的感悟，对加强新时代公民道德建设的意义有了更深的认识，对养成良好的道德品质有了更深的体会。

要运用本单元所学内容，积极参与相关活动，以生活各领域的道德要求规范自己的言行，分析解决学习生活中的实际问题，养成讲道德、尊道德、守道德的习惯。

▶活动目标

1. 认识社会公德、家庭美德、个人品德的主要内容和重要作用，深入思考道德素质对我们成长成才的重要意义。

2. 进一步感悟道德的作用，增强讲道德、尊道德、守道德的意识。

3. 增强践行新时代公民道德规范的自觉性，不断提升自己的道德修养。

▶活动任务

任务一：我的道德自画像

道德对我们成长成才具有重要意义。提升自己的道德修养，首先要正确认识自己的道德水平。

以“我的道德自画像”为议题，展开讨论。

▶议题讨论

根据以下提示反思自己的内心，描绘自己的道德自画像，并在小组内分享。小组内其他同学进行评价和补充。

在个人品德方面：____

在家庭美德方面：____

在社会公德方面：____________________

▶ 以事明德

举办一次道德讲堂活动，分享自己的美德故事，感悟幸福与道德的关系，认识生活因道德而美好的道理。

____

____

____

____

任务二：做一个有道德的人

如何才能做一个有道德的人，方法很多，途径也很多。

班级围绕“如何做一个有道德的人”开展活动。

▶ 出谋划策

有同学结合本单元内容和个人生活实际，围绕主题提出了如下做法：

（1）在公共生活中，乘坐公共汽车时主动给老弱病残孕让座，不在街上乱扔垃圾。

（2）在家庭生活中，要理解、体谅父母的心情，认真考虑父母的意见，教爷爷奶奶使用即时通信工具。

（3）在日常生活中，要积极乐观地面对困难，关心帮助同学。

结合实际，提出自己的建议。

____

____

____

____

▶ 录制视频

做一个有道德的人，可以从学习身边的榜样开始。寻找身边的“最美人物”，把他们的感人故事拍成短视频。

按照策划方案、剧本撰写、角色扮演、总结交流等步骤进行。

▶活动建议

1. 复习巩固本单元内容，为做好单元活动打好知识基础。

2. 课前做好准备，每个小组选派一名同学在课堂上讲述道德故事。

3. 观看《感动中国》《时代楷模》《最美人物发布厅》等与本单元内容相关的道德教育视频资料。

4. 有条件的学校，课后可以组织一次去敬老院或福利院送温暖等志愿服务活动。

▶活动评价

<table>
<tr><th rowspan="2">评价内容</th><th rowspan="2">评价人员</th><th rowspan="2">评价方式</th><th colspan="6">评价维度</th><th rowspan="2">总结反思</th></tr>
<tr><th>语言表达</th><th>问题分析</th><th>事件处理</th><th>成果呈现</th><th>个人状态</th><th>团队合作</th></tr>
<tr><td></td><td></td><td></td><td></td><td></td><td></td><td></td><td></td><td></td><td></td></tr>
<tr><td></td><td></td><td></td><td></td><td></td><td></td><td></td><td></td><td></td><td></td></tr>
<tr><td></td><td></td><td></td><td></td><td></td><td></td><td></td><td></td><td></td><td></td></tr>
</table>

说明：

- 评价人员：本人、同学、家长、教师等。
- 评价方式：采用赋分评价、评语结论评价等。
- 评价维度：语言表达是否清晰准确，问题分析是否全面准确，事件处理是否恰当，成果呈现是否完整，个人状态是否积极，团队合作是否有效。
- 总结反思：从成效、改进措施等方面进行。

如果每个人都真心向往和自觉追求讲道德、尊道德、守道德的生活，14亿多中国人民都成为传播中华美德、中华文明的主体，聚沙成塔、积少成多，那么一个更加文明的中国将会屹立在世界的东方。

第二单元 践行职业道德

“劳动光荣、技能宝贵、创造伟大。”千千万万各行各业的劳动者，在平凡岗位上用职业道德展现着劳动的价值和职业的崇高；无数来自各条战线的劳动模范和先进工作者，用恪守职业道德的优良作风诠释着劳动精神、劳模精神、工匠精神。劳动成就梦想，职业道德助力梦想腾飞，我们无论在哪个岗位，都要在恪守职业道德的基础上，通过辛勤劳动、诚实劳动和创造性劳动，为实现中华民族伟大复兴的中国梦增光添彩。

为什么职业道德是职业成功的必要保证？新时代对高素质劳动者的职业道德素质提出了哪些新要求？如何践行劳动精神、劳模精神、工匠精神？怎样不断提升职业道德境界？学习本单元，我们将理解职业道德的主要内容和作用，明确新时代弘扬劳动精神、劳模精神、工匠精神的意义，自觉践行职业道德基本规范，努力在工作中做合格建设者。

第3课
增强职业道德意识

“行有行规，业有业德。”加强职业道德建设是推进全面建设社会主义现代化国家的迫切要求，是促进社会全面进步和从业人员职业成功的重要保障。学习本课，我们将了解职业道德的特点，理解职业道德对自身成长和社会进步的作用，明确新时代对高素质劳动者职业道德素质的要求，增强职业道德意识。

一、新时代呼唤高素质劳动者

1. 职业道德的特点

阅读与思考

- “医者仁心。”
- “师者，所以传道受业解惑也。”
- 商者“童叟无欺”。

这些都是流传至今的名言警句，反映了具体行业的职业道德。

- 列举类似的名言警句，说说职业道德有哪些特点。

职业道德是道德的重要组成部分，它是从业人员在职业活动中应当遵循的具有职业特征的道德准则和行为规范，主要涉及从业人员与服务对象之间、职业与职工之间、不同职业之间的关系。

> 每一个阶级，甚至每一个行业，都各有各的道德。
>
> ——恩格斯

与社会公德、家庭美德、个人品德相比，职业道德有鲜明的职业性、较强的约束性、形式的多样性、较强的时代性等特点。职业道德集中反映了特定行业和职业的特殊要求；职业道德集中体现了职业责任和义务的行为规范，不仅包含职业纪律的一般要求，一些内容还以立法的形式加以约束；职业道德还借助价值观念、工作守则、操作流程等多种形式，对从业人员的行为作出明确具体的规定；职业道德随着社会制度和社会生活的发展体现出鲜明的时代特征。每个行业都有共同的职业道德规范，也有各自独特的职业道德要求。

相关链接

导游人员职业道德规范

一、爱岗敬业，遵纪守法
二、优质服务，宾客至上
三、真诚公道，信誉第一
四、不卑不亢，一视同仁
五、团结协作，顾全大局
六、好学上进，提高业务

快递业务员职业道德规范

一、爱岗敬业，勤奋务实
二、遵纪守法，诚实守信
三、团结协作，准确快速
四、保守秘密，确保安全
五、衣着整洁，文明礼貌
六、热情服务，奉献社会

电焊工职业道德规范

一、爱岗敬业，遵守法律
二、严于律己，吃苦耐劳
三、刻苦钻研，磨练技能
四、谦虚谨慎，团结合作
五、重视安全，保证质量
六、文明生产，保护环境

2. 新时代对劳动者职业道德素质的要求

阅读与思考

我国提出到 2035 年基本实现社会主义现代化，到本世纪中叶建成富强民主文明和谐美丽的社会主义现代化强国。其中，教育强国、科技强国、人才强国、文化强国、体育强国、健康中国、制造强国、质量强国、航天强国、交通强国、网络强国、数字中国等是社会主义现代化强国的重要内容。

- 结合材料，谈谈建成社会主义现代化强国对劳动者的职业道德素质提出了哪些更高要求。

我国已迈上了全面建设社会主义现代化国家新征程，以中国式现代化全面推进中华民族伟大复兴，向着第二个百年奋斗目标迈进。高质量发展是全面建设社会主义现代化国家的首要任务，教育、科技、人才是中国式现代化的基础性、战略性支撑，必须坚持科技是第一生产力、人才是第一资源、创新是第一动力，实施科教兴国、人才强国、创新驱动发展战略，大力培养大国工匠、能工巧匠、高技能人才等德才兼备的高素质劳动者。

相关链接

2024年，我国全部工业增加值完成40.5万亿元，制造业总体规模连续15年保持全球第一。已建成全球规模最大的光纤网络和4G网络，5G商用迈出坚实步伐，数字经济蓬勃发展。高铁、航空航天等重点领域开始进入“并跑”“领跑”阶段。这些成就，为我们成长成才提供了更大、更广的空间。

拥有全球领先的5G电信网络，是我国数字经济发展的突出表现。

中国标准动车组“复兴号”，是我国制造业发展的世界名片。

“天问一号”探测器成功发射并着陆火星，是我国迈出自主行星探测的第一步。

当代中国青年生逢其时，施展才干的舞台无比广阔，实现梦想的前景无比光明。我们要坚定不移听党话、跟党走，提升强国有我的使命感和责任感；增强领先意识，践行求实精神、探索精神，提升创新能力；强化质量意识，培养精益求精、追求卓越的品质；增强团队意识、培养协作精神；增强服务意识，培养奉献精神，立志做有理想、敢担当、能吃苦、肯奋斗的新时代好青年，让青春在全面建设社会主义现代化国家的火热实践中绽放绚丽之花。

启思导行

我国近年部分新增职业

发布时间	新职业名称
2019年	人工智能工程技术人员、物联网工程技术人员、大数据工程技术人员、云计算工程技术人员、数字化管理师、建筑信息模型技术员……
2020年	智能制造工程技术人员、工业互联网工程技术人员、虚拟现实工程技术人员、连锁经营管理师、供应链管理师、网约配送员、区块链工程技术人员、区块链应用操作员、城市管理网格员……
2022年	机器人工程技术人员、综合能源服务员、家庭教育指导师、农业数字化技术员、煤提质工、城市轨道交通检修工……
2024年	生物工程技术人员、口腔卫生技师、生成式人工智能系统应用员、工业互联网运维员、智能网联汽车测试员、储能电站运维管理员、电能质量管理员、氢基直接还原炼铁工、智能制造系统运维员……

- 分小组查询并列出新职业，讨论这些新职业对劳动者的职业道德素质提出的要求。

二、职业道德是职业成功的必要保证

1. 职业道德促进个人成长成才

阅读与思考

1982年出生的宋学文是一名快递小哥，自2011年参加物流工作以来，累计配送30余万件包裹，行程超过32万千米，零差评、零投诉、零安全事故。这背后是他对快递工作的用心付出：每天到达营业部后，开始卸货、码件、扫描、装车，再出发去往中关村大大小小的公司和社区。这样的路程，宋学文一天要跑3趟。他恪守客户至上原则，将满足消费者需求作为使命，始终对消费者保持热心：为满足客户着急取件需求，他曾半小时内从2 000多件快递中找出包裹并冒雨送达；对上班时间不方便或家里有婴儿的客户，他提前进行电话沟通，商议合适的配送时间；对孤老伤残居民或独自在家的儿童，他都多一句问候叮嘱，用真情实感传递暖心服务。

由于出色的工作表现和高尚的职业道德，宋学文获得“全国五一劳动奖章”“全国劳动模范”“全国优秀共产党员”等荣誉，并在2022年光荣地成为党的二十大代表。

- 结合宋学文的事迹，谈谈职业道德对个人岗位成才的影响。

职业是个人在社会中生存、发展的手段，也是个人实现人生价值、为社会作贡献的舞台。在这个广阔舞台上，遵守职业道德是对每个从业人员的基本要求。

面对新时代新要求，从业人员要理解职业道德的重要意义和具体规范要求。只有这样才能培养正确的职业意识，熟知职业特点、岗位守则、质量标准、操作流程，明白应该做什么和怎样做，将职业道德要求转化为自觉的职业行为，勤勤恳恳、脚踏实地做好本职工作。

职业道德和职业技能相辅相成、相互促进，只有具备职业精神、自觉践行职业道德规范的从业人员才能扎根职场。理解并践行职业道德要求，能够激发从业人员在职业技能上不断深入钻研、追求卓越的内在动力，激励从业人员在工作岗位上执着专注、一丝不苟、精益求精、苦练本领，增长才干，做到德技并修。

职业道德能够引导从业人员以强烈的道德责任感，不断增强规矩意识和敬业精神，努力塑造自己、完善自己，将职业发展与奉献社会紧密结合起来。在工作中既能把工作做好，又能与人进行有效沟通，营造良好和谐的氛围，从而赢得同事的支持、客户的称赞、单位的认可，获得事业的成功。

2. 职业道德促进社会发展

阅读与思考

精细耕作

用心生产

规范指挥

认真清扫

- 结合材料，说明职业道德对社会发展的作用。

职业道德不仅是个人成长成才的助推器，而且对促进社会全面发展具有重要作用。

职业道德促进企事业及行业的发展。职业道德是企事业及行业持续发展的内在动力。企事业及行业形象、信誉，主要是通过产品和服务质量体现出来的。从业人员的良好职业道德对塑造企事业及行业形象、提升企事业和行业信誉有重要作用，有助于提高企业的竞争力和事业单位的社会影响力。

相关链接

“衣带渐宽终不悔，我心归处是敦煌”是“全国道德模范”樊锦诗一生的生动写照。1963年，樊锦诗大学毕业后毅然选择到敦煌工作。她视敦煌石窟的安危如生命，探索出对石窟遗址的科学保护和科学管理之路，主持制定了文物数字化保护标准体系，利用数字技术让莫高窟容颜永驻。她扎根戈壁40余年，无怨无悔，为世界文化遗产敦煌石窟的永久保存作出了杰出贡献。

“全国劳动模范”“大国工匠”洪家光，被称为“战机心脏打磨师”。他20多年来先后完成了200多项技术革新，攻克了300多项技术难题，为我国航空发动机工装工具的自主研发提供了强有力的技术支撑。

党的十九大、二十大代表李兰女，在二十余年纺织行业的平凡岗位上，对纺织工艺作出数次改进和创新，探索出“改进工艺增加梳理提高成品制成率”方案，使精梳落棉量同比减少2%；创新并全面推广重定量、大牵伸工艺，使前纺半制品产量总体提升近30%，用工人数减少约25%；带领团队先后攻克13项工艺课题和30多项技术难题，解决企业用工紧张、效率低下等问题……由于工作业绩突出、职业道德高尚，李兰女获得“全国职工职业道德建设标兵个人”“全国五一劳动奖章”等荣誉。

他们都是职业道德的忠实践行者，用自己的热情和双手匠心筑梦，书写了一个又一个令国人赞叹的奇迹，展现了对职业道德的坚守，为社会发展作出了巨大贡献，成为千千万万劳动者的榜样，成为激励人们勤奋劳动的精神动力，对各行各业的发展起到了示范引领作用。

职业道德促进全社会道德水平提升。职业道德是公民道德建设的重要内容，是激励从业人员做好本职工作的精神动力。如果人人都爱岗敬业、正直诚实、无私奉献，各行各业都认真践行职业道德规范，全民族的道德素质就会大幅提升，全社会就能够形成良好的道德风貌。作为即将迈入职场、走向职业岗位的劳动者，应不断提升职业道德素质，为促进社会生产力发展尽一分力，为提升社会道德水平发一分光，力争在推动经济社会全面发展的过程中做一名合格建设者。

启思导行

● 从所学专业对应的职业群中选择自己喜欢的一个职业，写出其职业道德规范，找出努力方向，列出提升计划。

选择的职业	职业道德规范	努力方向	提升计划

第4课 在工作中做合格建设者

“诚信铸就品牌，质量赢得市场”“细心精心用心，品质永葆称心”……这些在实训教室、工厂车间、施工现场常见的标语，都是职业道德规范的体现。职业道德规范是职业生活顺利开展的保障，对从业人员具有引导和约束作用，能够促进社会持续健康有序发展。学习本课，我们将理解职业道德规范的主要内容和重要意义，增强学习和践行职业道德规范的自觉性，努力在工作中做一名合格建设者。

一、职业道德规范的主要内容

1. 爱岗敬业

阅读与思考

在每届“全国道德模范”评选中，都有一批“敬业奉献模范”。他们的生动事迹诠释着爱岗敬业、甘于奉献的崇高精神。

“最美司机”吴斌，从业十年来安全行驶100多万千米，在生命的最后一刻，以惊人的毅力完成汽车驾驶的一系列安全操作，保障了24名乘客的生命安全。

“航空手艺人”胡双钱，30多年来始终奋战在民用飞机制造第一线，创造了打磨过的零件百分之百合格的惊人纪录。

“高铁首席研磨师”宁允展，用自己精湛的操作技能和高度的责任心，攻克了动车组转向架多道制造难题。

- 介绍上述敬业奉献模范的事迹，并结合他们的故事谈谈怎样做到爱岗敬业。

爱岗敬业，是从业人员热爱自己的岗位，恪尽职守做好本职工作的一种态度和精神；是对各行各业从业人员的基本要求，是职业道德的基础和核心。

只有爱岗敬业，才能做到恪尽职守、认真负责地做好本职工作，进而精益求精、勇于创造，取得更大的成绩；只有爱岗敬业，才能提高工作效率，营造奋发向上的氛围，形成良好的社会风气，推动社会全面进步。

相关链接

爱岗敬业是各行各业都必须遵守的职业道德规范。除了忠于职守、尽职尽责等一般性要求之外，爱岗敬业在不同行业中还被具体化为不同的制度和要求。例如，技术工人必须技术娴熟，遵守操作规程，保证产品质量；酒店服务人员应微笑服务，善于沟通，掌握熟练的服务技能；商店、超市营业人员应具有良好的语言能力，具备一定的销售心理学知识，熟知产品种类、性能等。

爱岗敬业集中体现为乐业、勤业、精业。要培养职业的责任感和使命感，珍视职业，尊重职业，快乐工作，实现自身价值；要忠于职守，认真负责，刻苦勤奋；要精益求精，不断创新，追求卓越，争创一流。

2. 诚实守信

阅读与思考

“安全用油、杜绝复炸”，这是刘洪安的早餐店对顾客的郑重承诺。刘洪安坚持使用一级大豆色拉油炸油条，并且保证每天一换。他还特意贴出鉴别复炸油的方法，并在油锅旁边放了一把“验油勺”，供顾客随时检验。因为坚守诚信，刘洪安被亲切地称为“诚信油条哥”，被评为“全国诚实守信模范”。

- 结合事例，说说我们应如何在未来的职业生活中践行诚实守信。

诚实守信，是从业人员在职业活动中真诚待人、言行一致、信守承诺的态度和行为。其中，诚实是指忠诚老实、表里如一、言行一致、实事求是；守信是指信守诺言，重信誉讲信用，忠实地履行自己应当承担的责任和义务。

人无信不立，业无信不兴。诚实守信是从业人员做好工作的必要条件，也是企事业的立业之本、兴业之基。

相关链接

《中等职业学校学生公约》在“讲文明，重修养”中强调“诚实守信，言行一致”。诚实守信不仅体现在日常生活中，也体现在职业领域中。例如，在实训实践、顶岗实习中，诚实守信表现为按时到岗、遵守规定等。我们要从现在做起，践行诚实守信的职业道德，为未来工作打下良好基础。

诚实守信，要求从业人员在职业活动中诚实劳动、合法经营、讲求信誉。要以诚实的态度、实干的精神、勤勉的作风踏实工作；要信守约定、履行合同，不弄虚作假、欺诈蒙骗，自觉维护个人信誉和集体荣誉。

3. 办事公道

阅读与思考

办案30余年，宋鱼水没有收过当事人一件礼品，更没有办过一件人情案。一年冬天，一位老乡找到她，希望她在一桩经济纠纷案上“帮忙”。宋鱼水说，自己是一名法官，要秉公办事。看到她态度坚决，老乡只能作罢。面对托人情、找关系的事情，宋鱼水总是说，“相信法院，相信法官”。

- 结合材料，说说做到办事公道有什么具体的要求。

办事公道，是从业人员必备的职业素质，有助于塑造良好的企事业形象，有助于促进形成公平公正的社会风气。

办事公道，要求从业人员在职业活动中，以法律法规、政策规章、纪律、道德要求作为基本准则，不损公肥私、不以权谋私、不假公济私，公正、平等地履职尽责。

做到办事公道，要秉持公心，客观公正，公私分明，以公平的态度对待他人；要按章办事，用制度规范约束行为，无论亲疏远近，都一视同仁。

4. 热情服务

阅读与思考

“汽车线路有终点，为旅客服务没有终点。”这是福州闽运站务公司客北站服务组组长陈萍常挂在嘴边的一句话。扎根客运服务一线20多年，她视旅客为亲人，把小事做好、常事做新、难事做巧，倾心为旅客服务，成为旅客的“贴心人”，获得了“全国劳动模范”“全国三八红旗手”等荣誉。

- 结合材料，说说做到热情服务有什么具体的要求。

热情服务，要求从业人员在职业活动中善于从服务对象的角度考虑问题，尽可能提供优质服务。

每个人在提供服务的同时，也享受着他人提供的服务。社会生活中，人人需要服务，人人要有服务精神。只有我为人人，人人为我，才能营造相互服务、文明友好的社会氛围。

相关链接

服务既是一种满足他人需要的活动，又体现了人与人之间互相服务的关系。从一定意义上说，工作就是人与人之间相互的服务。只有认识到“服务并不低人一等”，才能破除狭隘的、低级的职业观念，才能真正确立热情服务的正确价值取向。

做到热情服务，要深刻理解职业意义，认识工作的本质就是为人民服务，增强服务的意识；要提高服务技能，想服务对象之所想，急服务对象之所急，诚心诚意办实事，尽心尽力解难题。

5. 奉献社会

阅读与思考

荣获“中国好人”“全国道德模范”“全国劳动模范”等称号的赵庆祥，是某供电公司配电抢修一班班长。他30多年如一日学雷锋、做好事，上门帮扶上百名空巢、病患老人；20多年扎根配电抢修一线，参与抢修排险4万余次、行程16万千米，做到了检修零差错、安全零事故、服务零投诉；平日里，他奔走在大街小巷，处理电力抢修的小故障，面对急难险重的任务时，总是义无反顾，冲锋在前。

- 结合事例，谈谈在生活和工作中如何做到奉献社会。

奉献社会，是从业人员在工作岗位上全心全意为社会作贡献、为人民谋福祉的表现，是爱岗敬业、诚实守信、办事公道、热情服务的升华，是职业道德的最高境界。

在职业活动中，奉献社会将个人价值和社会价值有机统一起来，不仅能体悟工作与人生的意义，让从业人员感受到职业的价值、奉献的快乐，也有助于营造互助、友爱、安定、和谐的社会氛围，增强社会凝聚力，促进社会进步。

相关链接

在职业活动中提倡奉献社会，并不是一项高不可攀的道德标准。在社会主义社会，每个公民无论从事什么工作、能力如何，都能够在本职岗位上，通过不同形式奉献社会。毫不利己、专门利人，为祖国、为人民无私奉献；先公后私，尽职尽责，诚实劳动；为维持自己和家庭的生活，利用一技之长，努力工作，守法经营……这些都是奉献社会的具体表现。

做到奉献社会，要立足岗位，兢兢业业，勤勤恳恳，务实高效，不断钻研，恪尽职守，甘于奉献；要吃苦在前，享受在后，不计得失，乐于奉献；要正确认识和处理国家、集体和个人利益的关系，坚持个人利益服从集体利益、局部利益服从整体利益、当前利益服从长远利益。

启思导行

职业道德规范在不同行业、不同岗位上都有生动的体现。

- 以小组为单位，探讨本专业践行爱岗敬业、诚实守信、办事公道、热情服务、奉献社会的具体做法，填写下面表格，之后全班交流。

	爱岗敬业	诚实守信	办事公道	热情服务	奉献社会
具体做法					

二、积极参加职业道德实践

1. 重视实训实习

阅读与思考

烹饪专业的学生到饭店岗位实习，第一次上岗时，大家站在各自的操作台位上，等待师傅传授技艺。师傅却先做了以下几件事：检查了仪容，看大家帽子戴得是否端正，衣服是否整洁得体，头发是否过长；让大家伸出双手，检查手是否干净，指甲是否过长；检查厨具是否齐全，操作台位是否整洁，食材是否新鲜卫生。师傅告诫大家："想做一名好厨师，就要按照要求和规矩来。要把顾客放在心上，精心地烹制每一道菜品。厨师的规矩很多，但最重要的一条是，厨德比厨艺更重要。"

- 为什么"厨德比厨艺更重要"？
- 结合材料，说说岗位实习对我们学习、成长的意义有哪些。

全面建设社会主义现代化国家，需要各行各业的劳动者坚守职业道德，在各自的工作岗位上辛勤付出。要充分理解职业道德规范的内涵和意义，在实训实习等职业实践中恪守职业道德规范。

实训实习是职业学校教育教学的重要组成部分，是我们走上工作岗位前较为系统的岗位实践，是学习职业技能、践行职业道德规范的宝贵机会，是提升职业道德素质的重要途径。

相关链接

根据教育部等八部门印发的《职业学校学生实习管理规定》，职业学校学生实习包括认识实习和岗位实习。

认识实习指学生由职业学校组织到实习单位参观、观摩和体验，形成对实习单位和相关岗位的初步认识的活动。

岗位实习指具备一定实践岗位工作能力的学生，在专业人员指导下，辅助或相对独立参与实际工作的活动。

中等职业学校学生在实习中

在参加实训实习时，要按照岗位要求，履行岗位责任，将职业道德规范落实到具体岗位上。要树立职业情怀，承担职业使命，把职业追求和岗位要求内化为内心信念。要立足岗位学、向师傅学、向同行学，学技术、学操作，学爱岗敬业、精益求精的精神，为将来走上工作岗位做好全面充分的准备。

2. 体验职业生活

阅读与思考

小钟在某学校学习国际商务专业，临毕业时，他去一家外贸公司实习。小钟在完成本职工作的基础上，协助同事跑商检，大热天挤公交车到海关报验；他为师傅做好助理工作，在师傅与客户交流时，他会默默地坐在一旁倾听，帮助记录一些数据；他对同事彬彬有礼，注重仪表；他下班回到家后，坚持自学，努力达到相关业务要求。通过不懈努力，小钟得到了师傅和同事的一致肯定。实习结束后，他被公司录用了。

- 小钟的经历对我们参加职业实践有什么启示？

体验职业生活有多种途径。可以通过实训实习、勤工助学等多种途径体验职业生活，养成良好的职业习惯和优良的职业作风，为顺利走上工作岗位积累实践经验。

职业生活与个人生活密不可分。我们应该将职业道德和社会公德、家庭美德、个人品德有机结合起来，培养良好的生活习惯和做事方式，把生活中养成的良好习惯融入职业生活，以饱满的热情战胜困难和挑战，全身心投入工作。

相关链接

以饱满的热情投入工作的小技巧

养成良好生活习惯。规律的生活作息、长期的运动习惯、与家人和睦相处，能够让我们以更愉悦的心情、更投入的状态开展工作。

保持和谐人际关系。在人际交往中，宽以待人，多接触拥有正能量的同事朋友，主动进行沟通，营造轻松良好的交往氛围。

在工作中体会乐趣。当我们用心投入、保质保量地完成一项工作任务时，收获的成就感、满足感会使我们生活更加充实、对工作更加热爱，乐在其中。

不断总结提升自己。敢于直面自身，不断反思总结，主动弥补不足，及时修正错误、克服缺点，使工作和生活更加完善。

启思导行

在我们身边，有很多恪守职业道德规范的榜样，本校优秀毕业生就是其中的代表。

● 采访一位本校优秀毕业生，请他（她）谈谈要在工作中做合格建设者，应该怎样恪守职业道德规范。

毕业生姓名：______

毕业生所在单位：______

毕业生的工作业绩：______

______

______

______

______

毕业生获得的荣誉：______

______

______

______

______

毕业生的职业道德表现：______

______

______

______

______

第5课 弘扬劳动精神、劳模精神、工匠精神

“劳动是财富的源泉，也是幸福的源泉。”劳动精神、劳模精神、工匠精神是民族精神和时代精神的生动体现，代表了崇高的职业追求，是鼓舞中华民族砥砺前行的强大精神动力。学习本课，我们将了解劳动精神、劳模精神、工匠精神的内涵，理解新时代弘扬劳动精神、劳模精神、工匠精神的意义，向劳动模范和大国工匠学习，感悟劳动的真谛和奋斗的快乐。

一、理解劳动精神、劳模精神、工匠精神

1. 劳动精神、劳模精神、工匠精神的内涵

阅读与思考

“铁人”王进喜、“敬业奉献好人”徐淙祥、“知识工人”孔祥瑞、“马班邮路上的信使”王顺友……一批批不同历史时期的劳动模范，为国家和人民作出了重大贡献。

王进喜　徐淙祥　孔祥瑞　王顺友

- 列举自己崇拜的劳动模范事迹，谈谈自己对劳动精神、劳模精神、工匠精神的理解。

劳动是一切幸福的源泉，是推动人类社会进步的根本力量。中华儿女依靠劳动创造了灿烂辉煌的中华文明。新中国成立后，劳动人民成为国家的主人，社会地位得到极大提高，人格得到充分尊重。在党的领导下，我国工人阶级和广大劳动群众与祖国同成长、与时代齐奋进，奏响了“咱们工人有力量”的主旋律，各条战线英雄辈出、群星灿烂。进入新时代以来，在实现中华民族伟大复兴中国梦的进程中，我国工人阶级和广大劳动群众用智慧和汗水营造了劳动光荣、知识崇高、人才宝贵、

创造伟大的社会风尚，谱写了“中国梦·劳动美”的新篇章，生动诠释了劳动精神、劳模精神、工匠精神。

劳动精神，是建立在劳动基础上的精神信仰，体现为劳动者在实践中形成的劳动认知、价值理念、实践智慧的总和。劳动精神的内涵是“崇尚劳动、热爱劳动、辛勤劳动、诚实劳动”。

> 幸福不是毛毛雨，幸福不是免费午餐，幸福不会从天而降。人世间的一切成就、一切幸福都源于劳动和创造。
>
> ——习近平

劳模精神，是劳动模范在长期实践中形成的、引领时代发展的宝贵精神财富。劳模精神的内涵是“爱岗敬业、争创一流、艰苦奋斗、勇于创新、淡泊名利、甘于奉献”。

相关链接

劳动模范是民族的精英、人民的楷模，是共和国的功臣。我国是人民当家作主的社会主义国家，党和国家始终坚持全心全意依靠工人阶级方针，始终高度重视工人阶级和广大劳动群众在党和国家事业发展中的重要地位，始终高度重视发挥劳动模范和先进工作者的重要作用。

工匠精神，是劳动者孜孜以求的精神品质，体现为行为习惯、价值信念和精神表达。劳动人民在长期实践中，培育形成了“执着专注、精益求精、一丝不苟、追求卓越”的工匠精神。大国工匠，是职工队伍中的高技能人才，是行业精品的雕刻者、巧夺天工的制造者、技近乎道的创造者。

2. 弘扬劳动精神、劳模精神、工匠精神的意义

阅读与思考

2018年推出的微视频《中国一分钟》讲述了中国的每一分钟都在发生巨大的改变。

一分钟生产粮食 **1 176** 吨

一分钟生产汽车 **55** 辆

一分钟“复兴号”前进 **5 833** 米

这一切成就的取得，源于中国人民的辛勤劳动。正是因为劳动创造，我们拥有了历史的辉煌；也正是因为劳动创造，我们拥有了今天的成就。

- 谈谈新时代弘扬劳动精神的重要意义。

弘扬劳动精神、劳模精神、工匠精神，有助于鼓舞全党全国各族人民风雨无阻、勇敢前进。劳动精神、劳模精神、工匠精神是以爱国主义为核心的民族精神和以改革创新为核心的时代精神的生动体现，是鼓舞全党全国各族人民埋头苦干、勇毅前行的强大精神动力。

弘扬劳动精神、劳模精神、工匠精神，有助于营造劳动光荣的社会风尚和精益求精的敬业风气。劳动精神、劳模精神、工匠精神，集中体现了社会主义核心价值观的要求，能够发挥劳动模范和大国工匠的示范带头作用，能够激发劳动者的劳动热情和创造活力，形成劳动最光荣、劳动最崇高、劳动最伟大、劳动最美丽的社会共识，培育劳动光荣、技能宝贵、创造伟大的时代风尚。

相关链接

新中国成立以来，各行各业涌现出无数的优秀劳动者。党和政府授予他们“全国劳动模范”称号和“全国五一劳动奖章”的荣誉，对他们作出的杰出成就给予表彰和鼓励。

全国劳动模范奖章和全国五一劳动奖章

“全国劳动模范”是党中央、国务院授予在社会主义建设事业中作出重大贡献者的荣誉称号，授予对象为企业职工、农民和其他社会主义建设者。

“全国五一劳动奖章”是为奖励在社会主义各项建设事业中作出突出贡献的职工而颁发的荣誉奖章，颁发范围包括工业交通、基本建设、农林水利、财贸金融、文化、教育、新闻、出版、政法、卫生、科研、体育、机关团体等各行各业的职工。

弘扬劳动精神、劳模精神、工匠精神，有助于为全面建设社会主义现代化国家提供有力人才保障。劳动精神、劳模精神、工匠精神以强大的精神魅力，激励更多劳动者特别是青年一代走技能成才、技能报国之路，成为高素质技术技能人才、能工巧匠、大国工匠，在报效祖国、服务人民的奋斗中实现人生价值。

启思导行

2020年3月，中共中央、国务院发布《关于全面加强新时代大中小学劳动教育的意见》。该意见指出，近年来，一些青少年中出现了不珍惜劳动成果、不想劳动、不会劳动的现象，劳动的独特育人价值在一定程度上被忽视，劳动教育正被淡化、弱化。对此，全党全社会必须高度重视，采取有效措施切实加强劳动教育。

- 结合个人参加劳动的体会，认识党和国家重视劳动教育的意义。

列举自己经常参加的劳动：____________________

分析自己在劳动态度和能力等方面存在的问题：____________________

分享参加劳动实践的体会：____________________

____

二、践行劳动精神、劳模精神、工匠精神

1. 践行劳动精神

阅读与思考

在某中等职业学校的校园里，传来"咣当——咣当"的打铁声。一张张充满朝气的面庞红光盈盈，汗珠点点。这是该校正在开展的刀剑锻打实训教学的生动场景。该校以实习实训课为主要载体开展劳动教育。在新生入学教育周，学校组织同学们走访能工巧匠，聆听他们的奋斗史。能工巧匠和同学们结对，将一道道工序手把手教给学生，帮助学生在劳动中培养技能。实训课的最后，根据操作流程，同学们将台面打扫干净，把所有工具归位。一位同学说："通过深入学习，我爱上了专业，也懂得了辛勤劳动的价值；通过勤学苦练，我也要在专业上取得成就！"

某中等职业学校开展劳动教育

- 结合案例和亲身经历，谈谈我们应如何践行劳动精神。

树立科学的劳动观。劳动是财富的源泉，也是幸福的源泉。劳动没有高低贵贱之分，无论从事什么劳动都是光荣的。要反对一切不劳而获、贪图享乐、崇尚暴富的错误思想，自觉抵制不珍惜劳动成果、不想劳动、不会劳动的现象。

相关链接

《中华人民共和国宪法》（节选）

第四十二条　中华人民共和国公民有劳动的权利和义务。

国家通过各种途径，创造劳动就业条件，加强劳动保护，改善劳动条件，并在发展生产的基础上，提高劳动报酬和福利待遇。

劳动是一切有劳动能力的公民的光荣职责。国有企业和城乡集体经济组织的劳动者都应当以国家主人翁的态度对待自己的劳动。国家提倡社会主义劳动竞赛，奖励劳动模范和先进工作者。国家提倡公民从事义务劳动。

国家对就业前的公民进行必要的劳动就业训练。

确立正确的劳动态度。要尊重劳动、热爱劳动、崇尚劳动，增强劳动的责任感和荣誉感，对工作认真负责、精益求精。

养成良好的劳动习惯和劳动品质。在生活中，感知劳动乐趣，做好个人清洁卫生，主动分担家务，适当参加公益劳动和生产劳动，开展社区服务和服务性劳动，积极参加校内外劳动。要结合所学专业积极开展实习实训、专业服务、社会实践等，做好每一件小事，完成好每一项任务，履行好每一项职责。

2. 践行劳模精神

阅读与思考

黄宝妹，是新中国第一代“全国劳动模范”，她8次受到毛泽东、周恩来、宋庆龄等老一辈党和国家领导人的亲切接见。

1931年，黄宝妹出生于旧中国的上海，13岁时就成为一名纺织女工，受到资本家和封建买办的残酷剥削。新中国成立后，黄宝妹进入上海市国棉十七厂工作。怀着对新中国和共产党的热爱，黄宝妹把满腔热情投入生产劳动中。她立足岗位，勤动脑筋、苦心钻研、改进技术，探索出一套“单线巡回、双面照顾、不走回头路”的先进操作法，不仅节约了大量原材料，还极大提升了生产效率。由于工作勤奋、业绩突出，1956年与1959年，黄宝妹两次被评为“全国劳动模范”。改革开放以后，黄宝妹帮助多家乡镇企业建设棉纺厂；退休后，她继续发光发热，积极帮助有困难的群众。

2021年6月29日，中共中央授予黄宝妹“七一勋章”。

- 黄宝妹的事迹对我们践行劳模精神有何启示？

向劳动模范学习，培养主人翁意识。我们要像劳动模范那样，全身心投入工作，全力以赴、不贪图名利、不计较得失。合理看待个人与社会的关系，正确处理个人利益与集体利益的关系，兢兢业业、争创一流。

> 全国各族人民都要向劳模学习，以劳模为榜样，发挥只争朝夕的奋斗精神，共同投身实现中华民族伟大复兴的宏伟事业。
>
> ——习近平

向劳动模范学习，发扬优良工作作风。我们要像劳动模范那样，踏实勤奋、积极肯干、勇往直前。在日常学习中，从点滴做起，勇于实践、刻苦钻研；在工作中，把小事当大事做，不畏艰险、开拓创新。

向劳动模范学习，提升精神境界。我们要像劳动模范那样，淡泊名利、甘于奉献，始终怀着为祖国、为社会、为人民干好事业的坚定理想信念；立足本职、爱岗敬业，在自己的岗位上为社会进步作出积极贡献。

3. 践行工匠精神

阅读与思考

从一名普通火箭装配工，到国家级技能大师、“大国工匠”，崔蕴被称为中国新一代运载火箭“总装第一人”。

他从事火箭制造30多年，参与了长征五号、长征七号运载火箭等数十种型号火箭的总装工作。他对火箭内部结构了然于胸，能够熟练运用500多件工具进行装配。他带领团队不断学习、不断创新，完成300余项技术改革，独创火箭总装总测工作技艺及流程方法，有效支撑了火箭的安全飞行。

崔蕴说：“既然干，就要把这份工作干好，干到极致。作为一名中国航天人，既要有为国奉献的精神，更要有在一个岗位上持之以恒、潜心钻研、默默耕耘的情怀。”

- 结合崔蕴的经历，谈谈我们如何践行工匠精神。

坚持执着专注。把工作当成事业来干，干一行、爱一行、专一行。工作时要全神贯注，坚忍顽强、坚持不懈、持之以恒。

坚持精益求精。把工作当成艺术品来做，勇于接受挑战，永不满足，追求完美，向更高、更好、更精的方向努力。

相关链接

职业教育是与普通教育具有同等重要地位的教育类型，是国民教育体系和人力资源开发的重要组成部分，是培养多样化人才、传承技术技能、促进就业创业的重要途径。职业教育与经济社会发展紧密相连，对促进就业创业、助力经济社会发展、增进人民福祉具有重要意义。

从2008年起，教育部发起并牵头，联合国务院有关部门及行业、人民团体等连续举办全国职业院校技能大赛，全国职业院校技能大赛已经成为师生展示风采、提升素质、成长成才的有效载体。2015年，国务院决定自本年起，每年5月的第二周为“职业教育活动周”，目的是在全社会弘扬劳动光荣、技能宝贵、创造伟大的时代风尚。2022年修订的《中华人民共和国职业教育法》将“每年5月的第二周为职业教育活动周”以法律形式确定下来。职业教育活动周是社会各界了解职业教育、体验职业教育、参与职业教育的重要平台。

职业教育活动周标识

经国务院批准，从2020年起，我国每两年将举办一届中华人民共和国职业技能大赛，第一届职业技能大赛于2020年12月举行。职业技能大赛中涌现的一批技能精英，成为各行各业建设的重要人才。

中华人民共和国职业技能大赛标识

坚持一丝不苟。对工作高度负责，严谨认真，专注细节，精雕细琢。

坚持追求卓越。勤于探索，敢于突破，勇于创新，追求极致，创造非凡业绩，不断实现超越。

启思导行

- 选取一位劳动模范，学习他（她）“在平凡岗位上作出不平凡业绩”的事迹。写写自身如何在实训中践行劳模精神。

劳动模范的突出事迹：____

____

____

践行劳模精神的途径：____

____

____

践行劳模精神的方法：____

____

____

第6课
提升职业道德境界

“德建名立，形端表正。”职业礼仪是职业道德素质的外在表现，也是职业道德实践的重要载体。掌握职业礼仪规范，加强职业道德修养，不断提升职业道德境界，应成为新时代从业人员的积极追求。学习本课，我们将理解职业礼仪蕴含的道德意义和职业礼仪规范的基本要求，不断提高遵守职业礼仪的自觉性，通过内省和慎独等修养方法，在职业活动中从小事做起，涵养职业道德，养成良好职业道德习惯。

一、遵守职业礼仪规范

1. 职业礼仪蕴含的道德意义

阅读与思考

小郑和小吴是职校同学，毕业后到同一家企业工作。在校期间他俩的学习成绩和专业技能都很优秀。可是两年后，小郑当上了部门主管，小吴却得不到同事和客户认可，致使工作处处碰壁。

小郑非常注重自己的形象，无论对同事还是对客户，都彬彬有礼，细致周到。大家都很喜欢小郑，乐意与他合作。但小吴不注意自己的形象。一次，与客户洽谈时，他穿的脏皮鞋让对方感到不适；交谈中为了拉近与对方的距离，他开了一些不恰当的玩笑；用餐时，他说话声音很大，让业务经理感到难堪。此后，业务经理不再让小吴参与重要的业务洽谈活动。

- 结合材料，谈谈职业礼仪的重要性。

礼仪是道德素质的体现，也是道德实践的载体。职业礼仪是礼仪的重要组成部分，是人们在职业活动中形成的约定俗成的礼仪规范，是职业道德素质的外在表现和职业道德实践的重要载体，也是从业人员在职场中应该遵守的行为准则。

职业礼仪既展示了从业人员的职业修养和文明素质，也体现了行业的基本风貌和整体形象。职业礼仪通过践行爱岗敬业、诚实守信、办事公道、热情服务和奉献社会等职业道德内容表现出来，反映了从业人员对工作的热爱和敬意，彰显了诚信、公道、友善的美德，体现了真诚服务、甘于奉献的境界。

良好的职业礼仪对职业道德行为养成具有重要的促进作用，不仅可以展现一个人的教养、风度、气质和魅力，还能体现组织形象和行业风采，有助于规范职业行为、促进职业交往。

2. 职业礼仪的基本要求

阅读与思考

小周中职毕业后到某电器集团售后服务部工作。为用户修理家电时，他严格遵守服务规范：穿着整洁的工作服，头发干净整齐，面带微笑，充满热情；进门前穿好自备的鞋套，进门后主动问好，耐心询问电器的故障；工作时一丝不苟、井井有条，不时为用户讲解注意事项；工作后把地面打扫干净，并用塑料袋将垃圾带走。小周将职场礼仪演绎为礼貌热情、细致周到的服务，展示了行业的风采，赢得了用户的赞誉。

- 结合材料，谈谈职业礼仪有哪些基本要求。

职场中，职业礼仪反映一个人的道德修养和综合素质。我们给他人的第一印象很大程度上是通过个人礼仪展示出来的。良好的职业礼仪的基本要求是：仪容仪表端庄、职业用语文明、行为举止得体等。

仪容仪表端庄，通常体现为整洁、得体的容貌和外表等。它既是对他人的尊重，也能为自己赢得好感和尊重。要在注重仪容仪表的同时，加强内在品德的修养，做到自然美、修饰美和内在美的统一。

相关链接

TPO原则，是世界通用的职业着装规范原则。T、P、O三个字母，分别指时间（Time）、地点（Place）、场合（Occasion）。TPO原则要求人们在选择服装和款式时，应兼顾时间、地点、场合，力求使自己的着装与着装的时间、地点、场合协调一致。

职业用语文明，反映了从业人员的规范性服务素质和诚恳、热忱的工作态度，能够准确全面传达工作要求和相关信息，进行有效的职业沟通和交往。语气自然、语调柔和、语言简明，善用尊称、避免忌语是职业用语的基本要求。

相关链接

俗话说："良言一句三冬暖，恶语伤人六月寒。"一个人的语言表达是体现其个人修养的重要方面。恭敬有礼的话语温暖人心，能促进人际关系和谐融洽；语言粗野、恶语伤人，会破坏人际关系。

比如，服务行业在服务时多说"请""您好""谢谢""对不起""请您稍等""欢迎再来"等礼貌用语，多以温馨的微笑、亲切的目光与服务对象进行沟通，展现行业文明礼仪风采，提升行业服务水平，促进行业健康发展。

行为举止得体，集中表现为从业人员在职业活动中行为动作恰到好处。要符合自己的职业身份和职业要求，做到态度恭敬、尊重有礼，举止从容、有条不紊，理性平和、文明规范。

启思导行

- 结合所学内容开展形式多样的职业礼仪模拟训练。

考察与自己所学专业有关的行业（企业）在职业礼仪方面的要求。

____

____

____

分析自己在礼仪方面存在的问题。

____

____

____

思考如何提升自己的礼仪水平，为将来走入社会做好准备。

____

____

____

____

二、养成良好职业道德习惯

1. 提升职业道德修养的方法

阅读与思考

某公司要求员工每天下班后思考三个问题：

（1）今天我对自己工作表现最满意的地方是什么？

（2）今天我的工作有失误吗？

（3）明天我应如何改进自己的工作？

- 上述材料中的问题运用了哪些提升职业道德修养的方法？

提升职业道德修养是个人通过学习和实践，把职业道德规范内化于心、外化于行的过程。养成良好的职业道德习惯不是一蹴而就的，需要我们学习掌握正确的方法，不断提升职业道德境界。内省和慎独是我国传统提升道德修养的方法，也是现代社会应该坚持的提升职业道德修养的方法。

内省，是指通过内心省察，使自己的思想和言行符合职业道德规范的要求。运用内省的方法，就要按照职业道德规范自我反思，全面客观看待自己，明辨哪些思想和行为是对的、哪些思想和行为是错的，明确进一步努力的方向。运用内省的方法，就要按照职业道德规范自我改进，要敢于承认缺点错误，真诚接受别人的批评，寻求正确方法改正错误。

相关链接

教育家陶行知先生的“每天四问”是一种高超的“内省”功夫。

陶行知让育才学校的师生员工每天问自己四个问题。第一问：我的身体有没有进步？第二问：我的学问有没有进步？第三问：我的工作有没有进步？第四问：我的道德有没有进步？

我们只有真正具备了这种内省功夫，才会离“更好的自己”越来越近。

“人民教育家”陶行知

慎独，是指在无人知晓、没有外在监督的情况下，坚守自己的道德信念，自觉按照道德要求行事。慎独要求在职场中，把外在的道德规范、规章制度等变成内在的自觉意识，把他律变成自律，从“要我这样做”上升为“我要这样做”，使遵守职业道德规范的意愿更积极、态度更坚决、毅力更顽强，不断提升职业道德修养。

2. 职业道德贵在养成

阅读与思考

小徐是某中职学校旅游服务与管理专业的一名应届毕业生，平时既注重技能训练，又注重个人卫生习惯。毕业找工作时，小徐到一家国际旅行社应聘，应聘者中有不少人条件非常优越。面试结束，经理请大家到会议室等候结果，其他人纷纷离开，小徐把大家留下的草稿纸和纸杯等一一收起，放入垃圾桶后才离开。十分钟后，经理宣布小徐被录用为专职导游。经理对应聘者说：“我知道你们在别的方面都很优秀，可是作为一名优秀的导游要随时注意保护景区环境，展示我们旅行社员工的风采与素质，仅仅掌握专业知识还不够。”

- 结合事例和所学专业的职业道德要求，说说我们应当怎样养成良好的职业道德习惯。

自觉加强职业道德养成训练，对于谋职就业与职业生涯发展具有重要意义。职业道德养成训练，有助于培养良好的职业观念、职业作风和职业行为习惯，以更好的心态、更大的热情投入工作，在努力奋斗中提升职业道德素质，在劳动奉献中实现职业理想。

养成良好的职业道德习惯，要从小处着手，持之以恒。注意从职业礼仪要求、岗位行为规范、专业技能标准等各方面严格要求自己，不放过任何细节，处处用心，善作善成。做任何工作，在任何岗位，都要有刻苦钻研的精神、精益求精的态度、战胜困难的勇气、克服惰性的毅力。只要坚持不懈，持续努力，就能助力自己实现职业理想。

> 要坚守高尚职业道德，多下苦功、多练真功，做到勤业精业。
>
> ——习近平

相关链接

邓建军，江苏常州某集团公司技术总监。他冲击纺织机械领域世界难题的技术创新之举，被外国专家惊叹为“中国功夫”。他先后获得“全国五一劳动奖章”“全国青年岗位能手”和“全国职工职业道德建设十佳标兵”等荣誉。在邓建军的影响带动下，公司成立了以他名字命名的科研组以及7个学习科研小组。这些科研小组遍布各个车间，担负起全厂设备的保养、维修和革新。作为特聘辅导员，邓建军一有时间就会回到自己的母校，把所学、所悟与同学们一起交流。

养成良好的职业道德习惯，要向职业道德楷模学习。职业道德楷模的先进模范行为，都是他们在各自工作岗位上日积月累、长期奋斗的结果。他们是职业活动的标杆和旗帜，为我们提供了明确的奋斗目标和前进动力。我们要从他们的先进事迹中，体悟他们对真善美的追求，学习他们精益求精的敬业精神，锤炼高超精湛的技能本领，学习他们甘于奉献的职业品质，在服务人民、建设国家中建功立业。

启思导行

● 班级正在举行“寻找职业道德楷模”活动。选择一位自己喜爱的职业道德楷模，列出向楷模学习的计划。

我喜爱的职业道德楷模：______________________________

我需要向职业道德楷模学习的地方：______________________________

____

____

向职业道德楷模学习的计划：______________________________

____

____

内容概览

- 践行职业道德
  - 第 3 课 增强职业道德意识
    - 新时代呼唤高素质劳动者
      - 职业道德的特点
      - 新时代对劳动者职业道德素质的要求
    - 职业道德是职业成功的必要保证
      - 职业道德促进个人成长成才
      - 职业道德促进社会发展
  - 第 4 课 在工作中做合格建设者
    - 职业道德规范的主要内容
      - 爱岗敬业
      - 诚实守信
      - 办事公道
      - 热情服务
      - 奉献社会
    - 积极参加职业道德实践
      - 重视实训实习
      - 体验职业生活
  - 第 5 课 弘扬劳动精神、劳模精神、工匠精神
    - 理解劳动精神、劳模精神、工匠精神
      - 劳动精神、劳模精神、工匠精神的内涵
      - 弘扬劳动精神、劳模精神、工匠精神的意义
    - 践行劳动精神、劳模精神、工匠精神
      - 践行劳动精神
      - 践行劳模精神
      - 践行工匠精神
  - 第 6 课 提升职业道德境界
    - 遵守职业礼仪规范
      - 职业礼仪蕴含的道德意义
      - 职业礼仪的基本要求
    - 养成良好职业道德习惯
      - 提升职业道德修养的方法
      - 职业道德贵在养成

学以致用

走近大国工匠和能工巧匠

学习本单元内容，我们对职业道德的内容和重要性有了更深的认识，对如何学习践行职业道德规范有了更深的思考，对如何提高职业道德境界和养成良好职业道德习惯有了更深的体会。

要运用本单元所学内容，通过走近大国工匠和能工巧匠活动，深入理解职业道德榜样身上体现的宝贵精神，提升职业道德素质，以实际行动弘扬劳动精神、劳模精神、工匠精神，做高素质的劳动者。

▶活动目标

1. 充分认识职业道德对促进社会发展和个人岗位成才的重要意义，明确职业道德素质是合格建设者的基本素质。

2. 进一步增强恪守职业道德规范的自觉意识，体认劳动光荣、劳动没有高低贵贱之分的道理。

3. 向大国工匠、能工巧匠学习，养成良好职业道德习惯。

▶活动任务

任务一：大国工匠、能工巧匠大家谈

弘扬工匠精神，首先要走近大国工匠、能工巧匠，了解他们的故事，理解他们在岗位上诠释的工匠精神。

某班级开展“学习大国工匠、能工巧匠　领悟工匠精神”主题活动。

▶影片观看

观看关于大国工匠、能工巧匠、工匠精神的专题纪录片，或“大国工匠年度人物”颁奖典礼，了解他们的事迹，提升职业荣誉感。

▶主题演讲

选择自己最喜欢的大国工匠，通过主题演讲的方式，感受大国工匠

从日常点滴中诠释出的大国工匠精神，探讨自己可以从哪些方面学习这位大国工匠的精神。从以下几个方面撰写演讲稿：最喜欢的大国工匠有哪些主要事迹和成就？应该向大国工匠学习什么？如何学习践行工匠精神？

任务二：大国工匠、能工巧匠进校园

大国工匠、能工巧匠以实际行动诠释了“执着专注、精益求精、一丝不苟、追求卓越”的工匠精神，在全社会营造了劳动光荣的社会风尚和精益求精的敬业风气。

班级开展“弘扬工匠精神　提升职业素养”主题活动。

▶人物访谈

与大国工匠、能工巧匠进行面对面采访，深入了解他们的职业选择、成长历程和精神境界，理解他们是如何在实践中一步步成长为大国工匠、能工巧匠的。采访前做好充分准备，从以下几个方面列出访谈提纲。访谈后进行反思总结，明确向大国工匠、能工巧匠学习的目标、方式等。

访谈提纲

访谈时间：________________________________

访谈地点：________________________________

访谈对象：________________________________

访谈对象的主要成就：__________________________

访谈问题：________________________________

____

____

访谈总结

访谈体会：________________________________

自己的差距和不足：___________________________

自己要怎样向大国工匠、能工巧匠学习：________________

▶参观走访

走访大国工匠、能工巧匠工作室和生产一线，观摩大国工匠、能工巧匠的“绝活”，近距离、全身心感受他们精湛的技艺和对本职工作的坚守。通过图片、视频、文字等方式与班级同学交流分享参观走访体会。

▶活动建议

1. 复习巩固本单元内容，为做好单元活动打好基础。

2. 课前做好准备，根据时间安排选派同学在全班进行演讲或分享。

3. 在开展上述活动的基础上，组织同学开展劳动技能和劳动成果展示，展现学习工匠精神的成效。

4. 有条件的学校，与大国工匠、能工巧匠工作室建立长期稳定联系，对同学进行长期结对辅导。

▶活动评价

评价内容	评价人员	评价方式	评价维度						总结反思
			语言表达	问题分析	事件处理	成果呈现	个人状态	团队合作	

说明：

- 评价人员：本人、同学、家长、教师等。
- 评价方式：采用赋分评价、评语结论评价等。
- 评价维度：语言表达是否清晰准确，问题分析是否全面准确，事件处理是否恰当，成果呈现是否完整，个人状态是否积极，团队合作是否有效。
- 总结反思：从成效、改进措施等方面进行。

工匠精神，源于点滴，成于坚守。我们要从大国工匠、能工巧匠的具体事迹中领悟他们的高尚精神和优良品质，在日常学习实践中努力向大国工匠、能工巧匠等职业道德榜样看齐，锤炼职业道德素质，提升技能水平，提高职业道德境界，努力为建设社会主义现代化国家添砖加瓦。

第三单元　增强法治意识

“法者，治之端也。”社会生活和国家治理，不仅需要道德，还需要法律。法律是治国理政最大最重要的规矩，法治是国家治理体系和治理能力的重要依托。我国宪法规定，中华人民共和国实行依法治国，建设社会主义法治国家。建设中国特色社会主义法治体系、建设社会主义法治国家是坚持和发展中国特色社会主义的内在要求。

如何认识法治与生活的关系？全面推进依法治国的总目标和基本要求是什么？宪法在全面依法治国中具有什么地位和作用？如何维护宪法尊严？学习本单元，我们将理解法治的科学内涵，领会我国法治建设的发展历程及成就，认识全面依法治国的重要意义，明确宪法至上，增强自觉维护宪法尊严、保证宪法实施的意识。

第7课
中国特色社会主义法治道路

“奉法者强则国强，奉法者弱则国弱。”时代呼唤法治，人民期盼法治。法治是中国式现代化的重要保障。全面依法治国是国家治理的一场深刻革命，关系党执政兴国，关系人民幸福安康，关系党和国家长治久安。学习本课，我们将在懂得法治科学内涵的基础上，了解我国法治建设发展历程与成就，明确全面依法治国的意义与总目标，坚定走中国特色社会主义法治道路的信心。

一、我国法治建设的成就

1. 法治让生活更美好

阅读与思考

学校举办“法治让生活更美好”的演讲比赛，同学们纷纷登台，发表自己的观点。

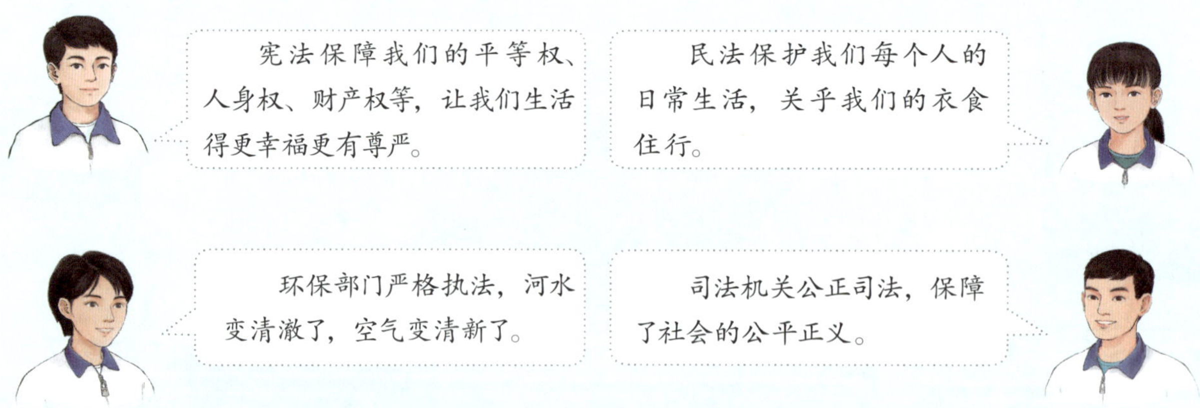

- 结合材料和自己的生活体验，谈谈对“法治让生活更美好”的认识。

用法律的准绳去衡量、规范、引导社会生活，这就是法治。法治是人类文明进步的重要标志，是治国理政的基本方式，是中国共产党和中国人民的不懈追求。

法治保障个人权利和自由。在法治社会，公民的政治、经济、社会、文化权利受到法律保护，每个人都可以依法自由地安排自己的生活，有序地参与社会公共事务。

法治维护公共秩序。法律确立了公共生活的基本规则，在法律指引下，公民、企业、社会组织依法行使权利、履行义务，国家机关依法行使职权，社会和谐有序。

相关链接

法治不仅保障正常状态下公共生活的秩序与安宁，而且保障紧急状态下社会的公平与正义。在发生自然灾害时，有个别不法商家和个人趁机囤积物资，哄抬价格，扰乱社会秩序。针对这些问题，国家及时运用法治手段严惩这类违法犯罪行为，有效保障了社会公共秩序和公平正义，维护了人民群众生命安全。

法治实现公平正义。法治坚持宪法法律至上，维护法律平等，所有人都要依法行使权利、履行义务，任何违法行为都要受到追究。法治之下，经济更繁荣，文化更灿烂，环境更美丽，生活更美好。

2. 新中国法治建设的发展历程与成就

阅读与思考

班级计划制作一期主题为“新中国法治建设成就”的宣传海报，应该设计哪些内容，同学们纷纷发言。

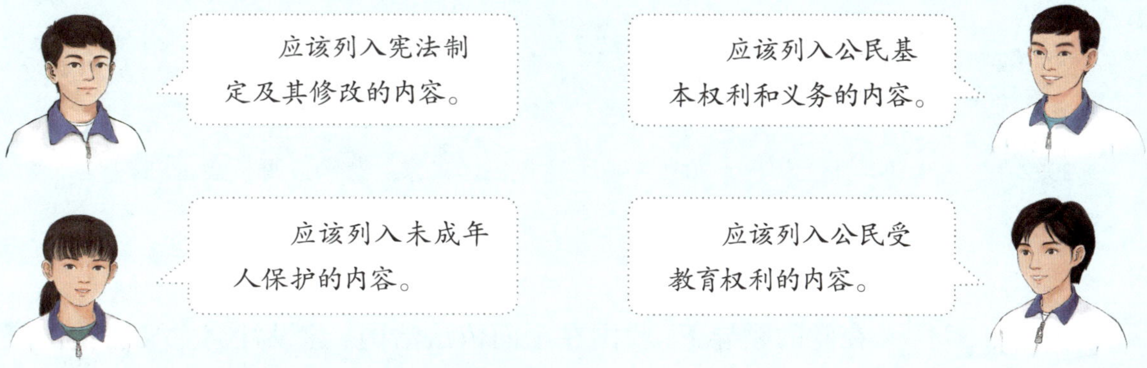

- 说说自己对设计宣传海报内容的建议。

中国共产党历来重视法治，新中国法治建设是在革命根据地法治建设的基础上发展起来的。新中国成立后，在社会主义革命和建设时期，党领导人民制定了“五四宪法”和一系列重要法律法规，建立起社会主义法制框架，确立了社会主义司法制度。进入改革开放和社会主义现代化建设新时期，中国共产党提出“有法可依、有法必依、执法必严、违法必究”的方针，强调依法治国是党领导人民治理国家的基本方略、依法执政是党治国理政的基本方式，不断推进社会主义法治建设。党的十八大以来，以习近平同志为核心的党中央明确提出全面依法治国，从坚持和发展中国特色社会主义的全局和战略高度定位法治、布局法治、厉行法治，我国法治建设有序推进，全面依法治国实践取得重大进展。

相关链接

- 1949年　具有宪法性质的《中国人民政治协商会议共同纲领》颁布，开启法治建设新纪元。
- 1954年　我国第一部社会主义宪法颁布，初步奠定了我国法治的基础。
- 1982年　现行《中华人民共和国宪法》颁布，奠定了依法治国的基础。
- 1999年　将“依法治国，建设社会主义法治国家”写入宪法，法治建设揭开新篇章。
- 2004年　将“国家尊重和保障人权”写入宪法。
- 2014年　党的十八届四中全会明确提出全面推进依法治国的总目标。
- 2018年　第十三届全国人民代表大会第一次会议通过宪法修正案，将习近平新时代中国特色社会主义思想载入宪法。
- 2020年　中央全面依法治国工作会议强调，习近平法治思想是全面依法治国的根本遵循和行动指南。
- 2022年　党的二十大提出，2035年基本建成法治国家、法治政府、法治社会。

在党的领导下，我国在全面依法治国、建设社会主义法治国家的道路上探索前行，取得了辉煌的成就。

找到了正确的法治道路。全面依法治国必须走对路，我国法治建设的最大成就，就是开辟了中国特色社会主义法治道路。中国特色社会主义法治道路，是社会主义法治建设成就和经验的集中体现，是建设社会主义法治国家的唯一正确道路。

相关链接

一国的法治总是由一国的国情和社会制度决定的。中国特色社会主义法治道路，本质上是中国特色社会主义道路在法治领域的具体体现。历史和现实告诉我们，只有传承中华优秀传统法律文化，从我国革命、建设、改革的实践中探索适合自己的法治道路，同时借鉴国外法治有益成果，才能为全面建设社会主义现代化国家、实现中华民族伟大复兴夯实法治基础。

形成了习近平法治思想。党的十八大以来，党中央把全面依法治国纳入“四个全面”战略布局予以有力推进，对全面依法治国作出一系列重大决策部署，组建中央全面依法治国委员会，完善党领导立法、保证执法、支持司法、带头守法制度，基本形成全面依法治国总体格局，推动中国特色社会主义法治体系建设取得历史性成就，形成了习近平法治思想。习近平法治思想是习近平新时代中国特色社会主义思想的重要组成部分，深刻回答了新时代为什么实行全面依法治国、怎样实行全面依法治国等一系列重大问题，是马克思主义法治理论中国化时代化的最新成果，是全面依法治国的根本遵循和行动指南。

相关链接

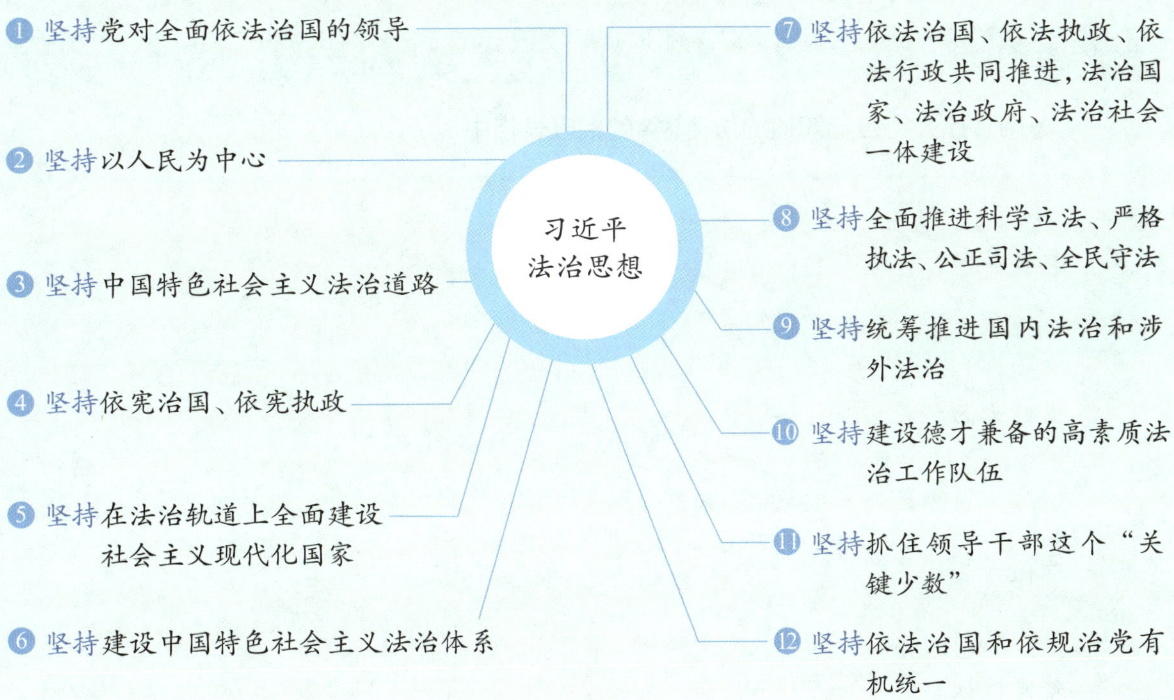

形成并不断完善以宪法为核心的中国特色社会主义法律体系。在现行宪法基础上，制定并完善了一大批法律法规，加强重点领域、新兴领域、涉外领域立法，使中国特色社会主义法律体系日趋完备。

相关链接

中国特色社会主义法律体系，是以宪法为统帅，以法律为主干，以行政法规、地方性法规为重要组成部分，由宪法相关法、民法商法、行政法、经济法、社会法、刑法、诉讼与非诉讼程序法等多个法律门类组成的有机统一整体。

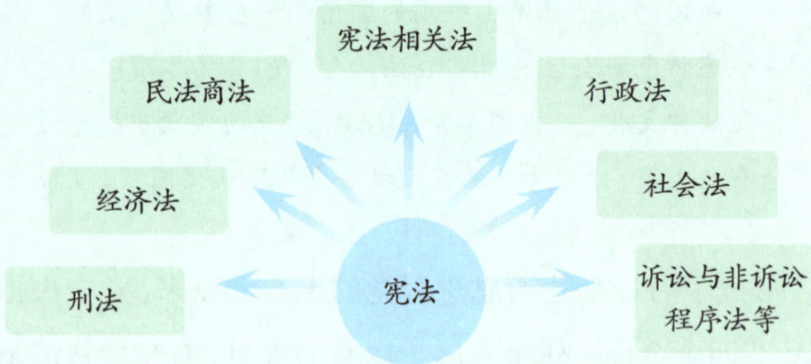

国家治理能力不断提升。党的十八大以来，党中央统筹推进法律规范体系、法治实施体系、法治监督体系、法治保障体系和党内法规体系建设。公民各项权利得到尊重和保障，依法行政和公正司法水平不断提高，对权力的制约和监督得到加强。法治中国建设开创新局面，法治固根本、稳预期、利长远的保障作用进一步发挥，党运用法治方式领导和治理国家的能力显著增强。

启思导行

- 分组讨论，将自己知道的法律，填到相应表格中。

教育方面	
医疗方面	
环保方面	
特定群体（如未成年人、老年人等）保护方面	

二、全面依法治国的意义与总目标

1. 全面依法治国的意义

阅读与思考

“法制”是法律制度的简称，属于制度的范畴；而“法治”是依照法律治理的简称，是一种治国原则和方法。在中国特色社会主义制度下，法制是法治的基础和前提条件，要实行法治，必须具备完备的法制；法治是法制的立足点和归宿，法制的发展前途必然是最终实现法治。

1997年，党的十五大报告首次提出“依法治国，建设社会主义法治国家”。2018年，第十三届全国人民代表大会第一次会议修改宪法，将宪法序言中的“健全社会主义法制”改为“健全社会主义法治”。

- 从法制到法治，从依法治国到全面依法治国，这种变化有哪些意义？

全面依法治国是中国特色社会主义的本质要求和重要保障，是国家治理的一场深刻革命。全面建设社会主义现代化国家、全面深化改革、提高党的执政能力和执政水平，必须全面推进依法治国。

推进国家治理体系和治理能力现代化，必须坚持依法治国，为党和国家事业发展提供根本性、全局性、长期性的制度保障。

——习近平

全面依法治国关系党执政兴国，关系人民幸福安康，关系党和国家长治久安。法治兴则国家兴，法治衰则国家乱。什么时候重视法治、法治昌明，什么时候就国泰民安；什么时候忽视法治、法治松弛，什么时候就国乱民怨。要实现经济发展、政治清明、文化昌盛、社会公正、生态良好，就必须把全面依法治国坚持好、贯彻好、落实好。

全面依法治国是解决党和国家事业发展面临的重大问题，促进社会公平正义，确保党和国家长治久安的根本要求。全面推进依法治国，为党和国家事业发展提供根本性、全局性、长期性的制度保障，确保我国社会在深刻变革中既生机勃勃又井然有序。

相关链接

中国共产党执政以来，为建设社会主义法治国家进行了长期奋斗和不懈努力，一步一步开辟出了中国特色社会主义法治的成功道路。从“五四宪法”到“八二宪法”，从“社会主义法制”到“社会主义法治”，从“有法可依、有法必依、执法必严、违法必究”到“科学立法、严格执法、公正司法、全民守法”，党越来越深刻地认识到，治国理政须臾离不开法治。

2. 全面依法治国的总目标

阅读与思考

“治国无其法则乱，守法而不变则衰。”推进全面依法治国要加快完善中国特色社会主义法律体系，使之更加科学完备、统一权威。

人工智能、大数据、云计算等新技术新应用的快速发展，催生了一系列新业态新模式，但与之相关的法律制度还存在滞后性、空白区。健全国家治理急需的法律制度、满足人民日益增长的美好生活需要必备的法律制度，需进一步填补空白点、补强薄弱点。

- 根据当前实际，我国法治建设还需要从哪些方面去完善？

全面推进依法治国总目标是建设中国特色社会主义法治体系，建设社会主义法治国家。这就是，在中国共产党领导下，坚持中国特色社会主义制度，贯彻中国特色社会主义法治理论，形成完备的法律规范体系、高效的法治实施体系、严密的法治监督体系、有力的法治保障体系，形成完善的党内法规体系，坚持依法治国、依法执政、依法行政共同推进，坚持法治国家、法治政府、法治社会一体建设，实现科学立法、严格执法、公正司法、全民守法，促进国家治理体系和治理能力现代化。

实现全面依法治国的总目标，就要走中国特色社会主义法治道路，必须坚持以下原则：坚持中国共产党的领导、坚持人民主体地位、坚持法律面前人人平等、坚持依法治国和以德治国相结合、坚持从中国实际出发。

相关链接

全面依法治国的原则

- 坚持中国共产党的领导。中国共产党领导是中国特色社会主义最本质的特征，是社会主义法治最根本的保证。

- 坚持人民主体地位。人民是依法治国的主体和力量源泉，人民代表大会制度是保证人民当家作主的根本政治制度。

- 坚持法律面前人人平等。任何组织和个人都必须尊重宪法法律权威，都必须在宪法法律范围内活动，都必须依照宪法法律行使权力或权利、履行职责或义务，都不得有超越宪法法律的特权。

- 坚持依法治国和以德治国相结合。要坚持一手抓法治、一手抓德治，既重视发挥法律的规范作用，又重视发挥道德的教化作用，实现法律和道德相辅相成、法治和德治相得益彰。

- 坚持从中国实际出发。要从我国基本国情出发，总结中国法治的成功经验，汲取中华法律文化精华，不断推进法治理论和法治实践的发展创新。

启思导行

分小组，制作一张全面依法治国宣传画或宣传海报。

● 要求：

（1）主题鲜明，聚焦“全面依法治国”的意义或总目标。

（2）内容丰富，包含照片、图画、文字等多种元素。

（3）版面直观简洁。

第8课
建设法治中国

“法令行则国治，法令弛则国乱。”全面推进依法治国，涉及立法、执法、司法、守法等各个方面，涉及中国特色社会主义事业总体布局的各个领域，是一项系统工程，需要长期艰苦努力、一代代人的接续奋斗。学习本课，我们将理解全面依法治国的基本要求，懂得“科学立法、严格执法、公正司法、全民守法”的基本内涵及基本要求，描绘法治中国的愿景，增强尊法学法守法用法的自觉性，不断把法治中国建设推向前进。

一、科学立法、严格执法、公正司法、全民守法

1. 基本内涵

阅读与思考

“民之所望，法之所向。”随着经济快速发展，环境污染问题越来越突出，人民群众对良好生态的渴望越来越强烈。为了保护生态环境，2014年，第十二届全国人大常委会第八次会议在反复调研论证的基础上，修订了《中华人民共和国环境保护法》。2018年，环境保护部更名为“生态环境部”，加大了对生态环境的保护力度。与此同时，全国很多法院专门设立了环境资源法庭，加大对环境污染违法犯罪行为的惩治力度。随着法律不断完善以及有效实施，蓝天白云、青山绿水再现，人民群众切身感受到了法治的力量。

- 我国对生态环境保护的举措，如何体现了全面依法治国的要求？

全面推进依法治国是一个系统工程，是国家治理的一场深刻革命。实现全面依法治国目标，必须做到科学立法、严格执法、公正司法、全民守法。

> 立善法于天下，则天下治；立善法于一国，则一国治。
>
> ——王安石

科学立法，就是要尊重和体现社会发展的客观规律，不断提高法律的质量，使立法真正体现法治精神和公平正义的价值追求。

相关链接

立法法是规范国家立法制度和立法活动、维护社会主义法治统一的基本法律。立法法的颁布施行，对完善立法体制机制，健全立法制度，规范立法活动，推动形成和完善以宪法为核心的中国特色社会主义法律体系，推进全面依法治国，发挥了重要作用。

我国现行立法法是2000年第九届全国人民代表大会第三次会议通过的，2015年第十二届全国人民代表大会第三次会议进行了第一次修正，2023年第十四届全国人民代表大会第一次会议进行了第二次修正。

严格执法，就是执法机关要在执法过程中严格依法办事。行政机关是执法的最重要主体。行政机关要带头严格执法，依法全面履行职能。

公正司法，就是要在司法活动的过程和结果中坚持和体现公平正义，努力让人民群众在每一起司法案件中感受到公平正义。公正司法是维护社会公平正义的最后一道防线。

相关链接

对于司法审判而言，存在“100-1=0”的说法，即一个错案的负面影响，足以摧毁九十九个公平裁判积累起来的良好形象。司法中万分之一的失误，对当事人就是百分之百的伤害。公正是司法活动的灵魂和法治的生命线，司法不公会造成严重后果。如果司法这道防线缺乏公信力，那么社会公正就会受到普遍质疑，社会和谐稳定就难以保障。

獬豸：公平和正义的象征

全民守法，是指所有社会成员普遍尊重和信仰法律、依法行使权利和履行义务的状态。

2. 基本要求

阅读与思考

为了立“良法”、行“善治”，全国人大常委会以及很多地方立法机关通过建立基层立法联系点，突破了“闭门造车”的樊篱。基层立法联系点成为接地气、察民情、聚民智的“直通车”。人民群众通过基层立法联系点，可以提出自己对于法律制定、修改的意见，这不仅能有效提高立法质量，而且有助于推动法律出台后的执行和实施，让法律获得人民群众发自内心的认同和遵守。让人民群众参与立法，推动守法，生动地展示了中国特色社会主义法治发展道路的民主实践。

- 建立基层立法联系点对推动科学立法有什么意义？
- 说说自己对科学立法的建议。

推进科学立法，就是要做到从实际出发，适应经济社会发展需要，体现我国社会主义性质，并遵循立法技术规范；做到依法立法，在法治的轨道上制定合法有效的规范性文件；做到民主立法，充分发扬民主，广开言路，集思广益；做到科学合理规定国家机关的权力与责任，公民、法人和其他组织的权利与义务。

相关链接

行政诉讼法的制定与修改

1 20世纪80年代初，围绕“当事人对主管行政机关给予的行政处罚不服的，可否向人民法院起诉”的问题，社会各界就建立我国行政诉讼制度进行了广泛讨论。

2 经过长期的酝酿、起草、论证，1989年，全国人大通过了《中华人民共和国行政诉讼法》，行政诉讼制度正式确立。行政诉讼法的颁布被视为我国民主法治建设的里程碑。

3 行政诉讼法颁行25年后，2014年，经过两次向公众征求意见和三次全国人大常委会审议，行政诉讼法完成了第一次修改，为行政诉讼立案难、审理难、执行难等问题提供了新的法律解决方案。

4 2017年，全国人大常委会对行政诉讼法进行第二次修改，确立了公益诉讼制度，规定在生态环境和资源保护、食品药品安全、国有财产保护等领域负有监督管理职责的行政机关不依法履行职责的，人民检察院应依法向人民法院提起诉讼。

推进严格执法，就是要坚持法定职责必须为、法无授权不可为，全面履行职能；坚持规范执法，完善执法程序；坚持公正执法，不断提升执法机关的公信力；坚持文明执法，以法为据、以理服人、以情感人。

相关链接

某地有一条小吃街。为有效治理食品安全问题，辖区市场监管部门联合有关部门，持续开展了食品安全执法活动，对销售假冒伪劣食品、卫生条件不达标的商户依法进行行政处罚，引导商家依法经营、消费者依法维权。经过严格执法，该小吃街的环境卫生、食品安全、就餐体验等得到大幅提升，吸引了越来越多的顾客来此用餐，商家的生意也越来越红火。

推进公正司法，就是要坚持人民司法为人民，维护人民权益；确保审判权和检察权依法独立行使；坚持以事实为依据、以法律为准绳，做到事实认定清楚、办案程序正当、办案结果公正。

推进全民守法，就是要深入开展法治宣传教育，着力增强全民法治观念，引导全民自觉守法、遇事找法、解决问题靠法；调动人民群众投身依法治国实践的积极性和主动性，使尊法学法守法用法成为全体人民的共同追求和自觉行动；不断加强公民道德建设，弘扬中华优秀传统文化，引导人们自觉履行法定义务、家庭责任、社会责任。

启思导行

班级举办以“人人学法　从我做起”为主题的班会。

- 查阅《中央宣传部、司法部关于开展法治宣传教育的第八个五年规划（2021—2025年）》有关内容，聚焦“八五”普法规划的目标和内容，制作普法宣传海报。

二、建设法治国家、法治政府、法治社会

1. 法治国家

阅读与思考

坚持普法“从娃娃抓起”，是中国普法的一大特色。自“三五”普法以来，全国大中小学逐步开设了法治教育课程，联通学校、家庭、社会“三位一体”的法治教育网络正在不断完善。

从学龄儿童，到耄耋老人；从“法治宣传教育责任清单”“普法通知书”制度，到各地正在积极推广的法官、检察官、行政执法人员、律师等“以案释法”活动；从普法进机关、进乡村、进社区、进学校、进企业、进单位，到通过网站、微博、微视频、客户端等网络新渠道开展普法活动……一个全社会大普法的格局正在形成。这既是法治建设的生动写照，也是法治国家的美好画卷。

- 结合材料，对公民参与法治国家建设提出建议。

全面依法治国，要求坚持法治国家、法治政府、法治社会一体建设。法治国家、法治政府、法治社会相辅相成。其中，法治国家是法治建设的目标，法治政府是建设法治国家的重点，法治社会是构筑法治国家的基础。

法治国家，就是实行依法治国、依宪治国、依法执政、依宪执政的国家。在现代社会，法治国家意味着国家权力要依法行使，国家各项工作依法开展。通过建设法治国家，能够有效规范权力运行，保障公民合法权益；能够推动国家治理现代化，实现国家长治久安。

建设法治国家，要推进宪法实施，坚持依宪治国、依宪执政；要建立完备的法律体系，推进科学立法，实现国家治理有法可依；要完善法律实施机制，推进严格执法、公正司法、全民守法，让法律在社会生活和国家治理的各个领域得到有效实施。

相关链接

2017年，《法治中国》专题片以党的十八大以来中央关于全面依法治国重大决策部署和重大成就为主线，以奉法者强、大智立法、依法行政、公正司法、全民守法为主要内容，围绕习近平总书记系列重要讲话精神和治国理政新理念新思想新战略，全景式反映党中央高瞻

远瞩、审时度势、统筹谋划，带领全国人民凝心聚力、团结奋斗，在新的历史起点上全面推进法治中国建设的伟大征程，体现人民群众因法治进步而不断增强的获得感和幸福感。

2. 法治政府

阅读与思考

近年来，各地采取得力措施，推进法治政府建设取得显著成效：

▶制度体系更加健全。如建立健全重大决策工作机制，认真落实重大决策出台前向人大报告制度，加强行政规范性文件监督管理。

▶职能发挥更加充分。如推进行政体制改革，整合职能部门职责，优化政府机构设置、职能配置、工作流程，提高行政工作效率。

▶行政执法更加规范。如全面推行行政执法公示、执法全过程记录和重大执法决定法制审核制度，加大对食品药品安全、劳动保障、环境保护、安全生产、消费者权益保护等关系群众切身利益重点领域的执法力度。

……

- 结合材料，列举自己所在地政府推进法治政府建设的举措，谈谈建设法治政府的意义。

法治政府，就是职能科学、权责法定、执法严明、公开公正、廉洁高效、守法诚信的政府。法治政府建设是全面依法治国的重点任务和主体工程。建设法治政府，能够督促政府更好地行使权力，提高行政服务水平；能够更好地促进政府和公民、社会组织的沟通，形成互信互助的新型关系。

相关链接

“昨天上午交的材料，今天就全部办好了，真是太快了！”在某市行政服务中心大厅里办事的企业老板一脸惊喜。据悉，该市启动优化营商环境改革，设立行政审批局，优化办事流程，简化审批环节，打通了行政审批部门办事“经脉”。

行政服务中心优化服务、便民利企

建设法治政府，就要把政府工作全面纳入法治轨道，让政府用法治思维和法治方式履行职责，确保行政权在法治框架内运行。各级政府及其工作人员要坚持有法必依、执法必严、违法必究，严格规范公正文明执法，规范执法自由裁量权，加大关系群众切身利益的重点领域执法力度。

行政执法工作面广量大，一头连着政府，一头连着群众，直接关系群众对党和政府的信任、对法治的信心。

——习近平

相关链接

公安机关为民警配备执法记录仪等设备，对现场执法活动进行全过程同步记录。

警察佩戴执法记录仪

公安机关依法对下列现场执法活动进行视音频记录：（1）接受群众报警或者110指令后处警；（2）当场盘问、检查；（3）对日常工作中发现的违反治安管理、出入境管理、消防管理、道路交通安全管理等违法犯罪行为和道路交通事故等进行现场处置、当场处罚；（4）办理行政、刑事案件进行现场勘验、检查、搜查、扣押、辨认、扣留；（5）消防管理、道路交通安全管理等领域的排除妨害、恢复原状和强制停止施工、停止使用、停产停业等行政强制执行；（6）处置重大突发事件、群体性事件。

3. 法治社会

阅读与思考

“邻里之间发生矛盾很正常，不过争执一旦超过了限度，如动手打人，那就再也不是小事，而是法律问题了。”在某村委会的大院里，一场由律师主持的“法治茶话会”正在热闹地进行，村民们一边喝茶一边津津有味地听律师说身边的故事，讲法律的道理。

“法治茶话会”进乡村

“这样的茶话会有意思，对我们的生活有很大帮助。律师讲的故事都是身边的事情，我们听得懂。”村民小梁的话引来乡亲们的纷纷赞许。大家认为，“法治茶话会”能更好地促进法治宣传深入到基层一线，是开展乡村法治建设的有力抓手和有效形式。

- 结合材料和个人体会，对建设法治社会提出合理化建议。

法治社会，是指法律得到普遍认可和遵从、社会治理依法开展、公共生活和谐有序的社会。建设法治社会，能够更好地形成全社会尊法学法守法用法的氛围，增进社会共识，维护社会秩序；能够更好地协调各方利益关系，有效化解社会矛盾，实现社会和谐。

相关链接

中共中央印发的《法治社会建设实施纲要（2020—2025年）》指出：弘扬社会主义法治精神，传播法治理念，恪守法治原则，注重对法治理念、法治思维的培育，充分发挥法治文化的引领、熏陶作用，形成守法光荣、违法可耻的社会氛围。丰富法治文化产品，培育法治文化精品，扩大法治文化的覆盖面和影响力。利用重大纪念日、传统节日等契机，开展群众性法治文化活动，组织各地青年普法志愿者、法治文艺团体开展法治文化基层行活动，推动法治文化深入人心。

建设法治社会，要弘扬社会主义法治精神，传承中华优秀传统法律文化；要坚持法治、德治、自治相结合，共治、共享、共建相结合；要深入开展法治宣传教育，增强全民法治观念；要推进多层次多领域依法治理，提升社会治理法治化水平。

启思导行

2021年8月20日，第十三届全国人大常委会第三十次会议表决通过《中华人民共和国个人信息保护法》。该法以保护个人信息权益、规范个人信息处理活动、促进个人信息合理利用为立法目的，明确规定："任何组织、个人不得非法收集、使用、加工、传输他人个人信息，不得非法买卖、提供或者公开他人个人信息；不得从事危害国家安全、公共利益的个人信息处理活动。"

- 查阅并摘录《中华人民共和国个人信息保护法》中关于国家机关处理个人信息的特别规定。

____

____

- 列举规范处理个人信息的做法。

____

____

第9课 坚持依宪治国

“宪法是国家的根本法，是治国安邦的总章程。”宪法具有最高的法律地位、法律权威、法律效力，与我们的生活息息相关。坚持全面依法治国，首先要坚持依宪治国。学习本课，我们将理解我国宪法的地位和作用、基本原则和主要内容，树立正确的权利义务观，了解宪法实施的意义、宪法监督制度，领会宪法与生活的关系，自觉尊崇宪法、维护宪法尊严。

一、坚持宪法至上

1. 宪法的地位和作用

阅读与思考

《中华人民共和国立法法》第一条：“为了规范立法活动……根据宪法，制定本法。”

《中华人民共和国刑法》第一条：“为了惩罚犯罪，保护人民，根据宪法……制定本法。”

《中华人民共和国民法典》第一条：“为了保护民事主体的合法权益……根据宪法，制定本法。”

《中华人民共和国行政诉讼法》第一条：“为保证人民法院公正、及时审理行政案件……根据宪法，制定本法。”

- 结合材料，说说宪法与其他法律的关系。

我国宪法以法律的形式确认了全国各族人民奋斗的成果，规定了国家的根本制度和根本任务，是国家的根本法，具有最高的法律效力。全国各族人民、一切国家机关和武装力量、各政党和各社会团体、各企业事业组织，都必须以宪法为根本的活动准则，维护宪法尊严、保证宪法实施。一切法律、行政法规和地方性法规都不得同宪法相抵触。

相关链接

新中国成立初期，由于尚不具备召开全国人民代表大会、制定宪法的条件，《中国人民政治协商会议共同纲领》起到了临时宪法的作用。

1954 年 9 月 20 日，新中国迎来了第一部宪法，即 1954 年宪法。此后，全国人民代表大会先后于 1975 年、1978 年和 1982 年通过三部宪法。现行宪法为 1982 年宪法，并历经 1988 年、1993 年、1999 年、2004 年、2018 年五次修改。

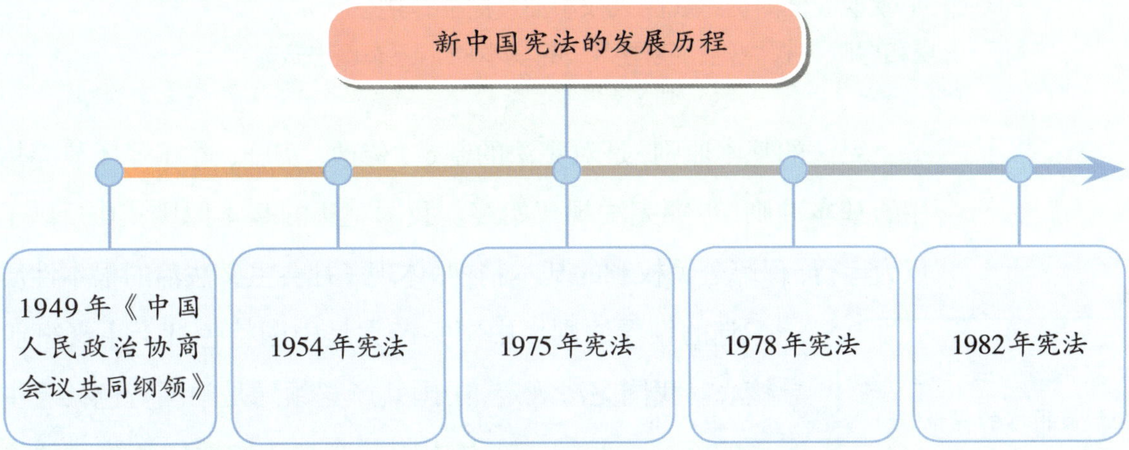

> 我国宪法是治国理政的总章程，必须体现党和人民事业的历史进步，必须随着党领导人民建设中国特色社会主义实践的发展而不断完善发展。
>
> ——习近平

宪法是国家的根本法，是治国安邦的总章程，是党和人民意志的集中体现。宪法具有最高的法律地位、法律权威、法律效力，具有根本性、全局性、稳定性、长期性。任何组织或者个人，都不得有超越宪法和法律的特权。一切违反宪法和法律的行为，都必须予以追究。

我国现行宪法是符合国情、符合实际、符合时代发展要求的好宪法，具有强大生命力。我国宪法以其至上的法制地位和强大的法制力量，有力保障了人民当家作主，有力促进了改革开放和社会主义现代化建设，有力推动了社会主义法治国家进程，有力促进了人权事业发展，有力维护了国家统一、民族团结、社会稳定，对我国政治、经济、文化、社会生活产生了极为深刻的影响，为坚持和发展新时代中国特色社会主义提供了重要保障。

2. 宪法的基本原则

阅读与思考

2004年3月14日，第十届全国人民代表大会第二次会议通过了《中华人民共和国宪法修正案》，把“国家尊重和保障人权”写入宪法，有力保障和推进了中国人权事业发展。

尊重和保障人权原则入宪以来，我国在完善人权保障法律体系、依法行政保障公民合法权益、有效提升司法保障水平等方面取得了新进展，推动了人权事业不断进步。

- 列举事例，说明宪法对促进我国人权事业发展的作用。
- 除了尊重和保障人权原则，我国宪法的基本原则还有哪些?

宪法的基本原则，是对宪法的制定、修改、实施、遵守等环节起指导作用的基本准则，贯穿宪法规范始终。我国宪法的基本原则集中反映了规范权力运行、保障公民权利的基本精神，体现了社会主义法治的根本性质。

> 党的领导是社会主义法治最根本的保证。
>
> ——习近平

党的领导原则。中国共产党是中国特色社会主义事业的领导核心。我国宪法规定，中国共产党领导是中国特色社会主义最本质的特征。我国宪法对中国共产党领导地位和执政地位的规定，集中体现了党的主张和人民意志的高度统一。

人民当家作主原则。人民当家作主是我国社会主义民主政治的本质和核心。我国宪法强调国家的一切权力属于人民，通过确定的人民民主专政的国体和人民代表大会制度的政体等制度，把人民当家作主贯穿于国家和社会生活各个领域。

尊重和保障人权原则。我国宪法将“国家尊重和保障人权”规定为一项基本原则，对公民的各项基本权利作出全面规定，依法保障公民的生存权和发展权。

相关链接

新中国成立以来，人民的经济、政治、社会、文化、环境权利保障水平不断提升，各项人权实现全面发展。

1. 尊重和保障人身权利和人格尊严
2. 充分保障劳动者各项权利
3. 建立起世界上覆盖人口最多的社会保障制度
4. 教育普及水平大幅提高
5. 公共文化服务更好惠及人民
6. 人民获得了真正的民主权利
7. 切实保障人民知情权、参与权、表达权、监督权
8. 依法保障宗教信仰自由
9. 环境权利保障日益加强

社会主义法治原则。社会主义法治原则要求坚持宪法法律至上，国家维护社会主义法制的统一和尊严。我国宪法明确规定实行依法治国，建设社会主义法治国家。

民主集中制原则。民主集中制是集中全党全国人民集体智慧，实现科学决策、民主决策的基本原则和主要途径。我国宪法规定，中华人民共和国的国家机构实行民主集中制原则。

3. 宪法的主要内容

阅读与思考

选民投票选举人大代表

劳动者参加技能培训

公民应征入伍

公民自觉申报纳税

- 上述材料反映了我国公民依法享有哪些基本权利、履行哪些基本义务？

我国宪法规定了国家的领导核心、指导思想、根本任务、根本制度、公民的基本权利和义务、国家机构、国家标志等，这些内容是我国国家生活和社会生活中最根本、最重要的问题。

相关链接

我国现行宪法除序言外，设有第一章“总纲”，第二章“公民的基本权利和义务”，第三章“国家机构”，第四章“国旗、国歌、国徽、首都”，共143条。

中华人民共和国宪法

序言

第一章　总纲

第二章　公民的基本权利和义务

第三章　国家机构

　　第一节　全国人民代表大会

　　第二节　中华人民共和国主席

　　第三节　国务院

　　第四节　中央军事委员会

　　第五节　地方各级人民代表大会和地方各级人民政府

　　第六节　民族自治地方的自治机关

　　第七节　监察委员会

　　第八节　人民法院和人民检察院

第四章　国旗、国歌、国徽、首都

公民的基本权利和义务是宪法的核心内容，宪法是每个公民享有权利、履行义务的根本保证。宪法规定的公民基本权利主要包括平等权利、政治权利与自由、宗教信仰自由、人身自由、社会经济权利、文化教育权利、监督权等。

我国宪法在规定公民享有基本权利的同时，也规定了公民必须履行的基本义务。公民的基本义务主要包括维护国家统一和全国各民族团结，遵守宪法和法律，维护祖国的安全、荣誉和利益，依法服兵役和参加民兵组织，依法纳税，以及公民必须履行的其他义务。

> 没有无义务的权利，也没有无权利的义务。
>
> ——马克思

在我国，公民的权利与义务是统一的，二者不可分离。权利与义务在法律关系上是相对应存在的，公民既是享有权利的主体，又是履行义务的主体。权利的实现需要义务的履行，义务的履行确保权利的实现。不允许只享有权利不承担义务，或者多享有权利少承担义务。在某些情况下，权利就是义务，义务就是权利，如劳动和受教育既是权利又是义务。

启思导行

我国宪法第三十三条到第五十六条规定了公民的基本权利和义务，其中第三十三条规定：“任何公民享有宪法和法律规定的权利，同时必须履行宪法和法律规定的义务。”

● 查阅我国宪法对公民基本权利和义务的规定，结合事例，谈谈如何行使权利、履行义务。

二、保障宪法实施

1. 宪法实施的意义

阅读与思考

2018年3月11日，第十三届全国人民代表大会第一次会议通过《中华人民共和国宪法修正案》，在宪法中增加了“国家工作人员就职时应当依照法律规定公开进行宪法宣誓”的规定。

2018年3月17日，在第十三届全国人民代表大会第一次会议上，习近平面对全国人大代表，庄严进行宪法宣誓。

2023年3月10日上午，在第十四届全国人民代表大会第一次会议上，习近平全票当选为中华人民共和国主席、中华人民共和国中央军事委员会主席。在人民大会堂内，习近平左手抚按宪法、右手举拳，庄严宣誓。

习近平进行宪法宣誓

● 宪法宣誓制度对宪法实施有什么意义？

宪法实施，就是要落实宪法的精神与规范。我国宪法在序言、第五条、第五十三条和第九十九条等多处，都对宪法实施作出了明确规定。

相关链接

《中华人民共和国宪法》(节选)

序言 ……全国各族人民、一切国家机关和武装力量、各政党和各社会团体、各企业事业组织,都必须以宪法为根本的活动准则,并且负有维护宪法尊严、保证宪法实施的职责。

第五条 ……一切法律、行政法规和地方性法规都不得同宪法相抵触。一切国家机关和武装力量、各政党和各社会团体、各企业事业组织都必须遵守宪法和法律。一切违反宪法和法律的行为,必须予以追究。……

第五十三条 中华人民共和国公民必须遵守宪法和法律,保守国家秘密,爱护公共财产,遵守劳动纪律,遵守公共秩序,尊重社会公德。

第九十九条 地方各级人民代表大会在本行政区域内,保证宪法、法律、行政法规的遵守和执行;依照法律规定的权限,通过和发布决议,审查和决定地方的经济建设、文化建设和公共事业建设的计划。……

宪法的生命在于实施,宪法的权威也在于实施。制定和完善宪法的目的在于将宪法的基本规范付诸实践、落实到行动上。只有这样,才能有效规范国家权力,才能维护党和人民的共同意志,保障人民的根本利益。

宪法实施是建设社会主义法治国家的首要任务和基础性工作。宪法是建设社会主义法治国家的根本遵循。坚持依法治国首先要依宪治国,坚持依法执政关键是依宪执政。只有通过宪法实施,将宪法确立的根本制度、基本制度和重要制度付诸实践,才能维护宪法的权威,推动国家治理体系和治理能力现代化,促进党和国家事业的顺利发展。

宪法解释是正确实施宪法的必要环节。宪法解释是全国人大常委会依据宪法规定行使宪法解释权,依照宪法精神对宪法规范的内容、含义和界限作出说明。宪法解释既是宪法实施的重要内容,也是保证宪法实施的必要机制。

相关链接

2016年11月,第十二届全国人大常委会第二十四次会议根据《中华人民共和国宪法》第六十七条和《中华人民共和国香港特别行政区基本法》第一百五十八条的规定,对《中华人民共和国香港特别行政区基本法》第一百零四条“香港特别行政区行政长官、主要官员、行政会议成员、立法会议员、各级法院法官和其他司法人员在就职时必须依法宣誓拥护中华人民共和国香港特别行政区基本法,效忠中华人民共和国香港特别行政区”的规定作出解释。

2. 我国的宪法监督制度

阅读与思考

2018年3月11日，第十三届全国人民代表大会第一次会议通过《中华人民共和国宪法修正案》，将“全国人大法律委员会”更名为“全国人大宪法和法律委员会”。该委员会主要承担推动宪法实施、开展宪法解释、推进合宪性审查、加强宪法监督、配合宪法宣传等职责。

- 说说全国人民代表大会将“全国人大法律委员会”更名为“全国人大宪法和法律委员会”有什么重要意义。

宪法监督，是指由特定国家机关按照法律程序监督其他机关实施宪法的活动。在我国，负责宪法监督的国家机关是全国人大及其常委会。我国的宪法监督制度主要包括合宪性审查、备案审查等。

合宪性审查，是全国人大及其常委会按照我国宪法规定，依据一定的程序和方式，对法律、法规等是否符合宪法进行审查并作出处理的制度。

备案审查，是我国特有的一项保证社会主义法制统一的制度。所有的法规、规章、司法解释等规范性文件均纳入备案审查范围。我国针对不同性质和效力的规范性文件，建立了多套备案审查机制。

相关链接

《中华人民共和国宪法》《中华人民共和国立法法》《中华人民共和国各级人民代表大会常务委员会监督法》等法律建立了我国规范性文件备案审查制度。全国人大常委会对法规、司法解释进行备案审查，地方人大常委会对本行政区域其他国家机关和下级人大及其常委会的规范性文件进行备案审查，国务院对地方性法规、规章等规范性文件进行备案审查。

3. 维护宪法人人有责

阅读与思考

为了增强宪法意识，弘扬宪法精神，促进宪法实施，2014年11月1日，第十二届全国人大常委会第十一次会议通过决定，将12月4日设立为“国家宪法日”。每年的这一天，国家都会通过多种形式开展宪法宣传教育活动，引导人们尊崇宪法、信仰宪法。虽然“国家宪法日”每年只有一天，但是宪法陪伴我们每一天，我们的一生都离不开宪法的守护。

- 结合“国家宪法日”活动，说说为什么“维护宪法人人有责”。

维护宪法，要学习宪法、领会宪法。我们要理解我国宪法的地位和作用；懂得宪法实施的意义，充分认识宪法在全面依法治国和国家治理中的重要性；明确宪法至上，任何组织和个人都不得有超越宪法和法律的特权。

维护宪法，要认同宪法、崇尚宪法。我们要增强对宪法的信服和尊崇，强化自觉维护宪法尊严、保证宪法实施的意识，坚定敬畏宪法、维护宪法的信念，让宪法精神在心中生根发芽、开花结果。

相关链接

自2014年以来，每年的“国家宪法日”都有不同主题。

2014年	弘扬宪法精神，建设法治中国
2015年	弘扬宪法精神，推动创新、协调、绿色、开放、共享发展
2016年	大力弘扬法治精神，协调推进“四个全面”战略布局
2017年	学习贯彻党的十九大精神，维护宪法权威
2018年	尊崇宪法、学习宪法、遵守宪法、维护宪法、运用宪法
2019年	弘扬宪法精神，推进国家治理体系和治理能力现代化
2020年	深入学习宣传习近平法治思想，大力弘扬宪法精神
2021年	以习近平法治思想为指引，坚定不移走中国特色社会主义法治道路
2022年	学习宣传贯彻党的二十大精神，推动全面贯彻实施宪法
2023年	大力弘扬宪法精神，建设社会主义法治文化
2024年	大力弘扬宪法精神，推动进一步全面深化改革

维护宪法，要践行宪法、捍卫宪法。我们要积极宣传宪法，推动宪法实施，为全社会遵守宪法贡献自己的力量；从小事身边事做起，学会运用宪法分析解决学习和生活中的实际问题；坚决维护宪法权威，自觉抵制各种妨碍宪法实施、损害宪法尊严的行为。

启思导行

班级组织以“宪法与生活”为主题的小组活动。

● 从搜集资料、讨论辩论、对话演讲、视频拍摄中选取一种或多种形式，结合宪法的地位和作用，谈谈如何在日常生活中维护宪法。

搜集资料

____

____

____

讨论辩论

____

____

____

对话演讲

____

____

____

视频拍摄

____

____

____

内容概览

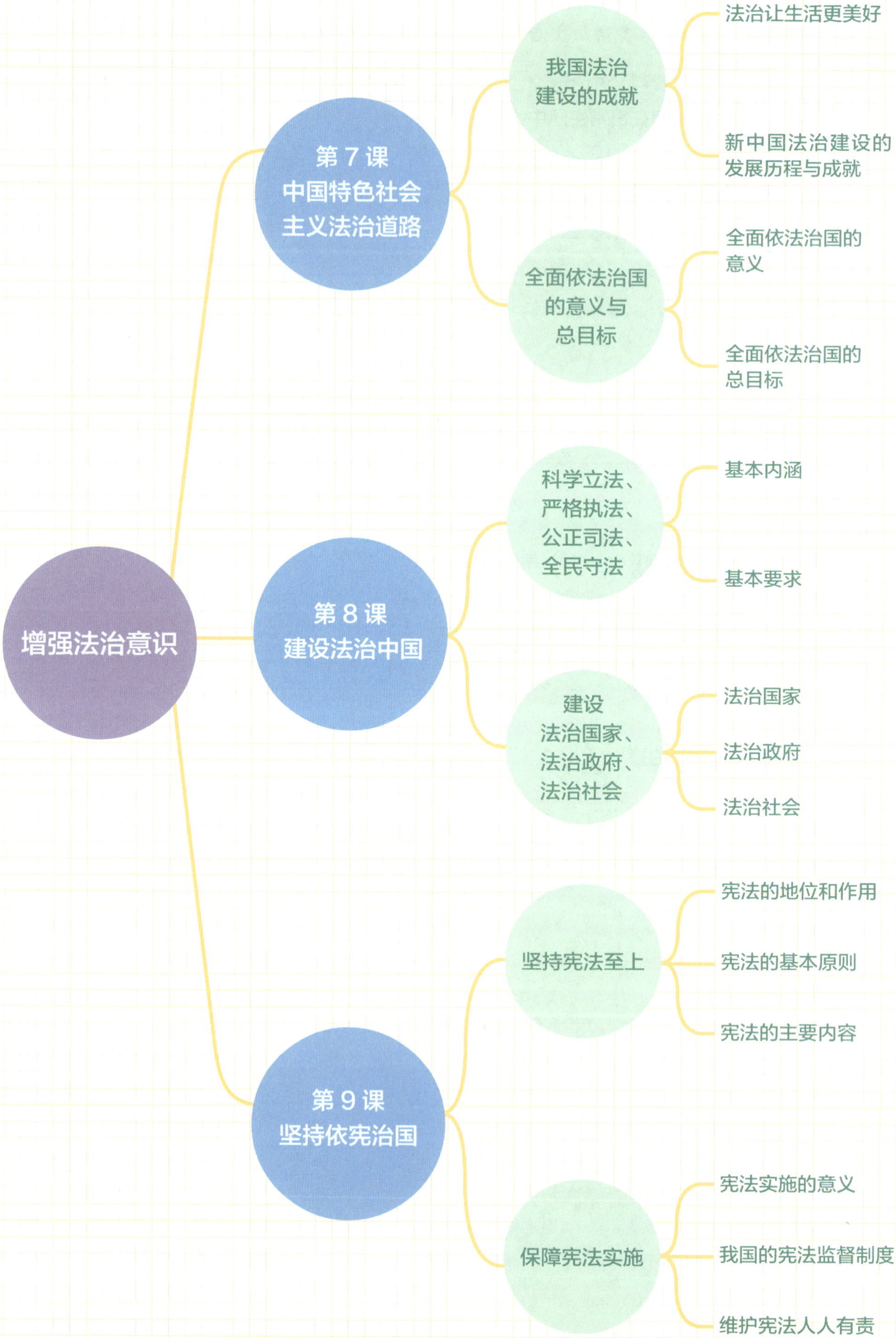

增强法治意识
第 7 课
中国特色社会主义法治道路
我国法治建设的成就
法治让生活更美好
新中国法治建设的发展历程与成就
全面依法治国的意义与总目标
全面依法治国的意义
全面依法治国的总目标
第 8 课
建设法治中国
科学立法、严格执法、公正司法、全民守法
基本内涵
基本要求
建设法治国家、法治政府、法治社会
法治国家
法治政府
法治社会
第 9 课
坚持依宪治国
坚持宪法至上
宪法的地位和作用
宪法的基本原则
宪法的主要内容
保障宪法实施
宪法实施的意义
我国的宪法监督制度
维护宪法人人有责

学以致用

积极参与法治中国建设

学习本单元内容，我们认识到了全面依法治国的意义、总目标和基本要求，理解了坚持全面依法治国首先要坚持依宪治国，体会到了自身参与法治国家建设的意义和途径。

要运用本单元所学内容，通过参与相关活动，学会用法治思维分析问题，用法治方式解决问题，积极参与法治中国建设，做社会主义法治的忠实崇尚者、自觉遵守者、坚定捍卫者。

▶活动目标

1. 进一步领会法治与生活、宪法与生活的关系，加深理解全面依法治国的基本要求。

2. 体会知法用法的重要性，自觉提升守法意识。

3. 积极参与立法、监督执法，养成守法习惯。

▶活动任务

任务一：畅谈宪法与生活的关系

宪法是国家的根本法，具有最高的法律效力。宪法与每一个公民的生活息息相关。每个人从出生的那一刻起，上学、工作、结婚、生育、买房、退休……这一生都离不开宪法的守护。

班级围绕“宪法与我们的生活有什么关系”主题，开展热烈讨论。

▶举例辨析观点

有人认为：宪法既然是国家的根本法，所规定的都是涉及国家生活中带有全局性、根本性的问题，那么宪法与公民日常生活的关系就比较远。

选取上学、成年、毕业工作、结婚生育、买房、退休等人生重要时间节点，找出宪法保护公民权利的相关条款，对上述观点进行辨析。

举例：

出生：从出生开始，每个公民的权益就受到宪法的保护。

宪法条款：第三十三条　凡具有中华人民共和国国籍的人都是中华人民共和国公民。中华人民共和国公民在法律面前一律平等。国家尊重和保障人权。

（1）上学：宪法赋予公民受教育的权利。

宪法条款：____

____

（2）成年：宪法保护成年公民的政治权利和自由。

宪法条款：____

____

（3）毕业工作：宪法保护劳动者的权利。

宪法条款：____

____

（4）结婚生育：宪法保护家庭成员的权利。

宪法条款：____

____

（5）买房：宪法保护公民私有财产。

宪法条款：____

____

（6）退休：宪法保障退休人员及老年人生活。

宪法条款：____

____

▶撰写公益广告

以“我与宪法”为主题，撰写一句公益广告词（不超过20字）。

公益广告词为：____________________________________

任务二：公民如何参与立法

2020年7月，《中华人民共和国未成年人保护法（修订草案）》向社会征求意见。某校同学得知后，立即行动起来，投入修法调研活动中。他们共提出17条修改意见，通过基层立法联系点转呈全国人大常委会法工委。其中第11条写道：“关于第116条提出的‘公安机关发现未成年人的监护人对未成年人实施家庭暴力等行为的，应当予以训诫、责令其缴纳保证金并接受家庭教育指导。对于拒不接受家庭教育指导的，可以没收保证金’的内容，鉴于每个未成年人家庭经济条件不一样，建议修改为对发生此类情况的监护人予以教育为主。”正式发布的法律删除了缴纳和没收保证金的内容，全国人大常委会法工委给学校写来感谢信，小伙伴们看到自己的建议得到重视并被采纳，备受鼓舞。

（1）结合上述案例，查阅立法法等相关法律法规，了解国家立法的基本程序，分组在课堂上进行汇报。

（2）查看中国人大网“法律草案征求意见”栏目，围绕“公民如何参与国家立法”议题，谈谈自己的认识。

任务三：如何推进全民守法

随着路上的车辆越来越多，道路交通安全成为社会普遍关注的问题。很多交通事故会给人民的生命财产带来不可挽回的损失。为了维护道路上的安全，国家制定了相关法律法规，如道路交通安全法。

运用本单元所学的内容，结合道路交通安全法等相关法律法规，以“本地交通违法的现状、原因及对策建议”为主题，开展社会调研。

（1）通过报刊、网络查找交通违法的相关统计数据，选择特定街区进行实地核查，观察交通违法的现实情况，与路人、司机和交警进行交流，了解交通违法的主要原因和表现。

（2）通过课堂展示，汇报自己的调研结果。

（3）对如何推动交通守法提出对策建议，向有关部门提交一份书面建议。

▶活动建议

1. 复习巩固本单元内容，为做好单元活动打好法律知识基础。

2. 课前做好准备，每个小组选派一名同学在课堂上讲述法治故事。

3. 组织观看与本单元内容相关的法律教育专题片，如《法治中国》纪录片，更直观地体会“科学立法、严格执法、公正司法、全民守法”。

4. 有条件的学校组织学生参观法院、旁听庭审，并在结束后与主审法官交流，让学生们感受司法如何维护和实现公平正义。

▶活动评价

评价内容	评价人员	评价方式	评价维度						总结反思
			语言表达	问题分析	事件处理	成果呈现	个人状态	团队合作	

说明：

- 评价人员：本人、同学、家长、教师等。
- 评价方式：采用赋分评价、评语结论评价等。
- 评价维度：语言表达是否清晰准确，问题分析是否全面准确，事件处理是否恰当，成果呈现是否完整，个人状态是否积极，团队合作是否有效。
- 总结反思：从成效、改进措施等方面进行。

法治中国建设，不仅是国家的事，也是包括我们每个人在内的全中国人民的事。我们要从学习法律开始，提高自己的法治意识，培养自己的用法能力，积极参与立法，监督执法和司法，以身作则守法，共同推动法治中国伟大目标的实现。

第四单元 遵守法律规范

“法治兴则民族兴，法治强则国家强。”法律是治理国家的重器，也是美好生活的保障。遵守法律规范，学会依法办事，是现代社会公民的基本素质，也是个人健康成长的基本要求。新时代，在全面推进依法治国、建设社会主义法治国家的进程中，尊法学法守法用法应当成为我们的共同追求和自觉行动。

为什么说遵纪守法是公民的义务？如何区分违纪、违法和犯罪行为？如何做到依法办事、依法维权、依法解决纠纷？学习本单元，我们将掌握民法、刑法、民事诉讼法和行政诉讼法等与生活密切相关的法律知识，认清违纪、违法和犯罪行为的危害，增强守法光荣、违法可耻的意识，提高自觉守法、遇事找法、解决问题靠法的能力。

第10课
养成遵纪守法好习惯

“国无法不治，民无法不立。”法治是我国治国理政的基本方式。遵纪守法不仅是现代公民应具备的道德品质，也是公民应尽的法律义务。学习本课，我们将认识法律的特征和作用，理解法律与纪律的内在关联，明确违法行为必须承担法律责任，增强抵制不良诱惑的免疫力，努力养成遵纪守法的好习惯。

一、增强遵纪守法意识

1. 认识法律的特征和作用

阅读与思考

2020年10月17日，第十三届全国人大常委会第二十二次会议通过了修订的《中华人民共和国未成年人保护法》。此次修订增加了多项内容，条文从72条增至132条，在强化家庭监护责任、加强未成年人网络保护等方面亮点颇多。其中，针对未成年人的安全教育等方面，作出了更加具体明确的规定，进一步压实了监护人、学校、网络服务提供者的主体责任。

保护未成年人

● 结合未成年人保护法的修订，说说法律的保护作用。

法律作为一种特殊行为规范，与道德、纪律等其他行为规范相比，有其显著特征：法律由国家制定或认可，规定了人们的权利和义务，以国家强制力保证实施，对全体社会成员有普遍约束力。其中，以国家强制力保证实施是法律的最主要特征。

相关链接

法律的制定和认可是国家创制法律的两种基本形式。

法律的制定，是指特定国家机关按照法定程序，制定法律、修改或废止现有法律的活动，如全国人大常委会修订未成年人保护法。

法律的认可，是指特定的国家机关根据实际需要，以一定形式赋予在社会上已经存在的某些习惯、道德规范等法律效力的活动，如孝敬老人是中华民族的传统美德。全国人大常委会把“弘扬中华民族敬老、养老、助老的美德”写入老年人权益保障法。

法律为生活保驾护航。法律规范全体社会成员的行为，保护我们的权利，协调人与人之间的关系，维护我们的正常生活，保障社会的公共秩序。

法律是治国之重器。我国构建中国特色社会主义法律体系，以法律规范的形式，保障了中国特色社会主义制度的有效运行。

> 治理一个国家、一个社会，关键是要立规矩、讲规矩、守规矩。法律是治国理政最大最重要的规矩。
>
> ——习近平

2. 认清法律与纪律的关系

阅读与思考

赵某不遵守公司关于厂区内“禁止吸烟”的纪律规定，偷偷在车间吸烟，不小心引燃了车间内的化纤材料，引起火灾，导致公司损失上千万元。赵某最终受到了单位纪律处分和法律制裁。

违纪与违法之间仅一步之遥

- 结合案例，谈谈自己对法律与纪律关系的认识。

法律与纪律都是规范人们行为的准则，都需要人们共同遵守，都需要通过相应的强制力来实施。违反纪律和法律都会造成一定后果，都要受到相应的惩处。

相关链接

提起法律与纪律，我们不能只看到它们限制和约束人们自由的一面，而忽视它们保障自由的一面。

法律、纪律与自由是辩证统一的。任何自由都是相对的，真正的自由是在法律、纪律许可范围内行使权利的自由。只有约束违反法律、纪律的行为，才能确保每个人真正享有自由。

法律与纪律在制定主体、规范对象、处罚方式等方面存在不同。法律由国家机关制定，规范全体社会成员的行为，主要由国家强制力保证实施；纪律由社会组织或单位制定，规范该组织或单位成员的行为，一般通过规章制度、规定等方式呈现。

相关链接

《中等职业学校学生公约》

1. 爱祖国，有梦想。热爱祖国，热爱人民，热爱中国共产党。志存高远，服务人民，奉献社会。
2. 爱学习，有专长。崇尚科学，追求真知；勤学苦练，精益求精；不会就学，不懂就问。
3. 爱劳动，图自强。尊重劳动，勇于创造；艰苦奋斗，勤俭节约；从我做起，脚踏实地。
4. 讲文明，重修养。尊师孝亲，友善待人；诚实守信，言行一致；知错就改，见贤思齐。
5. 遵法纪，守规章。遵守法律，依法做事；遵守校纪，依纪行为；遵守行规，依规行事。
6. 辨美丑，立形象。情趣健康，向善向美；仪容整洁，衣着得体；举止文明，落落大方。
7. 强体魄，保健康。按时作息，坚持锻炼；讲究卫生，保持清洁；珍爱生命，注意安全。
8. 树自信，勇担当。自尊自信，乐观向上；珍惜青春，不怕挫折；敬业乐群，勇担责任。

法律与纪律有内在关联。违法和违纪之间没有不可逾越的鸿沟，违纪发展下去容易导致违法。

有的同学在学校期间纪律观念淡薄，时常做些违反校规校纪的事情；有的同学认为平时违反纪律没有关系，只要不违法就可以。这些观点都是错误的。违法行为往往从违纪行为开始。未成年人违法犯罪的事实表明，从违反纪律到违反法律甚至犯罪，是走上违法犯罪道路的常见轨迹。

启思导行

- 将法律与纪律的不同之处填入下表。

内容	法律	纪律
制定主体		
规范对象		
处罚方式		

二、履行遵纪守法义务

1. 增强遵纪守法的自觉性

阅读与思考

王某、刘某在视频直播过程中，因数次发布辱骂、恐吓等极端不良内容，并曾穿着仿制警服直播，引发网民不满。经举报，公安机关将二人抓获，根据治安管理处罚法规定，以寻衅滋事分别处以行政拘留7日和5日的处罚。

网络空间不是“法外之地”，国家制定了一系列法律法规规范网络行为。每个网民都应该遵纪守法，坚持依法上网、安全上网、理性上网、文明上网，严格遵守国家有关互联网的法律、法规和政策，自觉维护网络安全，文明理性发表言论，抵制一切违法违规行为。

- 结合上述案例和材料，说说我们应该如何履行遵纪守法义务。

遵纪守法是公民的义务，也是社会公德的主要规范，对社会生活和人们的日常生活很重要。无论何时，我们都要对法律与纪律怀有敬畏之心，都要增强遵纪守法的自觉性。

加强学习，明确要求。遵纪守法要求我们认真学习和掌握法律与纪律知识，明确法律与纪律的要求，依法依纪规范自己的行为。

相关链接

为更有效地保护未成年人，促进未成年人身心健康成长，我国专门制定了义务教育法、未成年人保护法、预防未成年人犯罪法等法律，明确规定了哪些事情应当鼓励和提倡未成年人去做、哪些事情应当预防和制止未成年人去做。

我们不仅要学习这些方面的法律要求，还要认真学习与我们的生活联系密切的法律，如宪法、民法典、刑法、治安管理处罚法、消费者权益保护法、教育法、职业教育法等。掌握这些基本法律知识，可以增强我们遵守法律的自觉性。

长期坚持，养成习惯。遵纪守法要求我们从每一件点滴事情做起，从每天的日常行为做起。遵纪守法自觉性的培养，贵在持之以恒。遵纪守法只有成为自身的习惯，才能转化为一种自觉行为。

抵制诱惑，学会自律。遵纪守法要求我们充分认识不良行为的危害，增强辨别是非的能力，自觉抵制各种不良诱惑，杜绝不良行为。当产生不良行为念头时，不要心存侥幸，不能以“下不为例”“情况特殊”为借口放松要求，甚至放纵自己。

相关链接

《中华人民共和国预防未成年人犯罪法》（节选）

第二十八条 本法所称不良行为，是指未成年人实施的不利于其健康成长的下列行为：（一）吸烟、饮酒；（二）多次旷课、逃学；（三）无故夜不归宿、离家出走；（四）沉迷网络；（五）与社会上具有不良习性的人交往，组织或者参加实施不良行为的团伙；（六）进入法律法规规定未成年人不宜进入的场所；（七）参与赌博、变相赌博，或者参加封建迷信、邪教等活动；（八）阅览、观看或者收听宣扬淫秽、色情、暴力、恐怖、极端等内容的读物、音像制品或者网络信息等；（九）其他不利于未成年人身心健康成长的不良行为。

2. 违法违纪要承担责任

阅读与思考

《中华人民共和国宪法》规定："保卫祖国、抵抗侵略是中华人民共和国每一个公民的神圣职责。依照法律服兵役和参加民兵组织是中华人民共和国公民的光荣义务。"《中华人民共和国兵役法》规定："中华人民共和国公民，不分民族、种族、职业、家庭出身、宗教信仰和教育程度，都有义务依照本法的规定服兵役。"

依法服兵役是我国公民的基本义务。杨某应征入伍后怕苦怕累，不适应部队训练，拒绝继续服役，经反复教育引导，仍无改变，被部队除名。当地人民政府对其拒服兵役行为依法实施处罚，包括：取消其本人义务兵优待金和家庭军属待遇资格；两年内公安机关不得为其办理出国（境）手续，在公安户籍管理系统及其户口簿中是否服兵役栏对其注明"拒服兵役"永久字样；两年内教育部门不得为其办理升学手续。

- 为什么"拒服兵役"必须承担法律责任？

我国宪法明确规定，一切国家机关和武装力量、各政党和各社会团体、各企业事业组织都必须遵守宪法和法律。中华人民共和国每一位公民都要遵守宪法和法律，保守国家秘密，爱护公共财产，遵守劳动纪律，遵守公共秩序，尊重社会公德。

> 法律要发挥作用，需要全社会信仰法律。
>
> ——习近平

我国劳动法、教育法、公务员法等法律，对各自规范和约束的群体对象，也都作出了遵守法律与纪律的具体要求。

相关链接

《中华人民共和国劳动法》（节选）

第三条 ……劳动者应当完成劳动任务，提高职业技能，执行劳动安全卫生规程，遵守劳动纪律和职业道德。

第五十六条 劳动者在劳动过程中必须严格遵守安全操作规程。

劳动者对用人单位管理人员违章指挥、强令冒险作业，有权拒绝执行；对危害生命安全和身体健康的行为，有权提出批评、检举和控告。

我国宪法明确规定，一切违反宪法和法律的行为，必须予以追究。违法行为是指违反法律法规的规定、危害社会的行为。一般来说，根据对社会的危害程度，违法行为可分为一般违法行为和严重违法行为；根据违反法律的类别，违法行为可分为民事违法行为、行政违法行为和刑事违法行为等。通常情况下，违法要承担相应法律责任。

相关链接

根据违法行为所违反法律的类别，通常把法律责任分为民事责任、行政责任、刑事责任等。

民事责任是民事主体因违反民事义务，侵害他人的人身财产权益而应承担的法律后果。承担民事责任的方式主要有：停止侵害，排除妨碍，消除危险，返还财产，恢复原状，修理、重作、更换，继续履行，赔偿损失，支付违约金，消除影响、恢复名誉，赔礼道歉等。

行政责任，指因违反行政法或因行政法规定而应承担的法律后果，有行政处罚和行政处分两种方式。

刑事责任，指依据刑事法律规定和实际发生的犯罪事实而产生的，由代表国家的司法机关依法确认的，犯罪人因实施犯罪行为而应当承担的以刑罚处罚、非刑罚的处罚措施或者单纯有罪宣告等否定评价为具体内容的法律责任。

违反纪律也要受到相应的处分，包括批评教育、惩戒等。只有这样，才能对违纪者和其他集体成员进行警示教育，保障正常的生活和工作秩序，维护集体利益。

相关链接

《中小学教育惩戒规则（试行）》（节选）

第九条 学生违反校规校纪，情节较重或者经当场教育惩戒拒不改正的，学校可以实施以下教育惩戒，并应当及时告知家长：（一）由学校德育工作负责人予以训导；（二）承担校内公益服务任务；（三）安排接受专门的校规校纪、行为规则教育；（四）暂停或者限制学生参加游览、校外集体活动以及其他外出集体活动；（五）学校校规校纪规定的其他适当措施。

人人守法纪，凡事依法纪，是保持社会和谐安宁的重要条件，也是每个人应履行的义务。

启思导行

下列“小妙方”有助于我们增强遵纪守法自觉性。

- 警示法：将自己亟须改正的缺点和错误，写在小纸条上并贴在床边案头，时时警示自己。
- 榜样法：选取自己敬佩的英雄模范人物作为学习榜样，用他们的事迹激励自己。
- 调控法：牢记一些格言警句并形成守规则的信念，当产生做违纪违法事情的冲动时，能用理智调控自己。
- 训练法：用良好习惯反复训练自己的行为，并持之以恒地践行。

- 列举类似的“小妙方”与大家分享，并且在生活中尝试实行。

第11课
依法从事民事活动

《中华人民共和国民法典》是新中国成立以来第一部以“法典”命名的法律，是一部固根本、稳预期、利长远的基础性法律。民法规范人们的民事活动，保障人们的民事权利。学习本课，我们将理解我国民法的基本原则，了解民事法律行为的有效条件，懂得民事权利和民事责任，增强依法处理民事关系的意识。

一、民事活动要守法

1. 民事活动的基本原则

阅读与思考

民法与生活的方方面面都有关

- 在上述民事活动中，我们要遵循哪些基本原则？

人们在日常生活中从事的与人身关系和财产关系有关的活动，一般都属于民事活动。民法是规范民事活动，调整民事关系的基本法律规范。民法在我们的生活中不可或缺，与我们的衣食住行和生老病死息息相关。

相关链接

2020年5月28日，第十三届全国人民代表大会第三次会议审议通过了《中华人民共和国民法典》。民法典系统整合了新中国成立70多年来长期实践形成的民事法律规范，汲取了中华民族5 000多年优秀法律文化，借鉴了人类法治文明建设有益成果，是一部体现我国社会主义性质、符合人民利益和愿望、顺应时代发展要求的民法典，是一部体现对生命健康、财产安全、交易便利、生活幸福、人格尊严等各方面权利平等保护的民法典，是一部具有鲜明中国特色、实践特色、时代特色的民法典。

我国民法规定了民事主体从事民事活动中的平等、自愿、公平、诚信、合法与公序良俗、绿色等基本原则。这些基本原则既是贯穿整个民事立法与司法的指导思想，也是民事活动的基本遵循。

民事主体在民事活动中的法律地位一律平等。个人不分男女老少、贫富和职位高低，企业不分规模大小、实力强弱，在从事民事活动时，其法律地位都是平等的，其合法权益均受到法律的平等保护。

相关链接

民事主体包括自然人、法人和非法人组织。自然人即生物学意义上的人，是基于出生而取得民事主体资格的人。法人是依法成立并独立享有民事权利和承担民事义务的组织，如有限责任公司、股份有限公司等。非法人组织一般是不具有法人资格，但是能够依法以自己的名义从事民事活动的组织，如个人独资企业、合伙企业等。

民事主体从事民事活动，应当遵循自愿原则，按照自己的意思设立、变更、终止民事法律关系。每个人都应该根据自己的真实意思，自愿从事民事活动，自觉承担相应的法律后果。

民事主体从事民事活动，应当遵循公平原则。公平是民法的基本价值追求，民事主体应当秉持公平理念，公正、平允、合理地分配权利与义务，并依法承担相应的民事责任。

民事主体从事民事活动，应当遵循诚信原则。诚实守信既是道德的要求，也是民事活动的基本法律准则。

民事主体从事民事活动，不得违反法律，不得违背公序良俗。民事活动虽然强调自愿，但不能突破法律规定的边界，也不能突破公共秩序和善良风俗的底线。

相关链接

公序良俗是“公共秩序”与“善良风俗”的简称。公共秩序是指与社会公共利益有关的社会秩序，善良风俗是指社会公认的道德准则和风俗。公序良俗原则是对自愿原则的限制。虽然民法允许民事主体按照自己的意思设立、变更、终止民事法律关系，但是，任何自由都不是不受限制的，当事人自愿实施的行为不得违背公序良俗。

民事主体从事民事活动，应当有利于节约资源、保护生态环境。绿色原则是我国民法典新增的一项基本原则，是习近平生态文明思想、可持续发展理念在民事活动中的具体体现。

2. 民事法律行为的有效条件

阅读与思考

15周岁的中职生小周未经家长允许，偷刷家长的信用卡数千元，给自己买了一部高端手机，但刚拿回家就被家长发现了。家长找到卖家，主张小周尚未成年，私自购买手机的民事法律行为无效，要求卖家撤销该笔交易，退回手机，退还货款。

- 家长撤销交易的要求是否合理？说说理由。

民事法律行为是民事主体通过意思表示设立、变更、终止民事法律关系的行为。民事法律行为只有符合法定的有效条件，才能得到法律的保护，达到预期的目的。

民事法律行为有效须同时具备三个条件：行为人具有相应的民事行为能力；意思表示真实；不违反法律、行政法规的强制性规定，不违背公序良俗。

民事行为能力是民事主体以自己的名义独立从事民事活动并承担相应法律后果的能力。自然人的民事行为能力根据年龄、智力、精神健康状况的不同，分为完全民事行为能力、限制民事行为能力和无民事行为能力三类，其对应的后果分别是行为有效、行为效力待定和行为无效。

相关链接

民事行为能力

内容	完全民事行为能力	限制民事行为能力	无民事行为能力
年龄	成年人（18周岁以上），或16周岁以上以自己的劳动收入为主要生活来源的未成年人。	8周岁以上的未成年人。	不满8周岁的未成年人。
智力、精神健康状况	正常。	不能完全辨认自己行为的成年人。	不能辨认自己行为的人。
行为的效力	有效。	效力待定。	无效。

人们所从事的民事法律行为，应当基于真实的意思表示。双方以虚假的意思表示实施的民事法律行为无效。如果一方受到对方的欺诈，或基于自己的重大误解，作出了错误的决定，或者受到胁迫而实施了不情愿的行为，受损一方可以请求人民法院或者仲裁机构撤销该民事法律行为。

合法与公序良俗原则，是民事活动应当遵循的基本原则之一。违反强制性法律、行政法规规定或违背公序良俗的民事法律行为是无效的，不受法律保护。违法者还要承担相应的法律责任。

启思导行

民法就在我们身边。民法典被称为“社会生活的百科全书”，一个人“从摇篮到坟墓”都离不开民法。

● 结合本课的学习以及自己对民法的理解，列出一个清单，看看自己的哪些行为或生活的哪些方面和民法有关、受民法调整。

二、民法保护我们的权利

1. 民法保护人身权

阅读与思考

小张的照片未经其允许被影楼用作宣传海报。

小李的电话号码被人恶意公布到网上，引来无数骚扰电话。

小王考试成绩好，但被人污蔑为抄袭所得，名誉受损。

● 分析以上事件分别侵犯了当事人的哪些人身权利。

人身权是民事主体基于自己的身份、身体或人格而依法享有的最基本的民事权利。人身权可以分为身份权和人格权。身份权是基于家庭和亲属关系而享有的权利，包括配偶权、亲属权、监护权等。人格权是基于人的身体和人的尊严而享有的专属权利，包括生命权、身体权、健康权、姓名权、名称权、肖像权、名誉权、荣誉权、隐私权等。人身权受法律保护，侵犯人身权应当承担相应的法律责任。

相关链接

《中华人民共和国民法典》将人格权独立成编，成为我国民法典编纂的一大亮点。这不仅鲜明地体现了尊重人格尊严和保护人格权的立场，而且紧跟时代发展和科技进步的需求，丰富了人格权的内容，凸显了人的主体地位，彰显了中国共产党“以人民为中心”的执政理念。

生命权、身体权、健康权。人的生命安全和生命尊严、身体完整和行动自由、身心健康受法律保护，任何组织或者个人不得侵害。当一个人的生命权、身体权、健康权受到侵害或者处于其他危难情形时，负有法定救助义务的组织或者个人应当及时施救。

姓名权、名称权。自然人享有姓名权，法人、非法人组织享有名称权。民事主体有权依法决定、使用、变更或者许可他人使用自己的姓名或名称。任何组织或者个人不得以干涉、盗用、假冒等方式侵害他人的姓名权或者名称权。

相关链接

《中华人民共和国民法典》（节选）

第一千零一十五条 自然人应当随父姓或者母姓，但是有下列情形之一的，可以在父姓和母姓之外选取姓氏：

（一）选取其他直系长辈血亲的姓氏；

（二）因由法定扶养人以外的人扶养而选取扶养人姓氏；

（三）有不违背公序良俗的其他正当理由。

少数民族自然人的姓氏可以遵从本民族的文化传统和风俗习惯。

肖像权。肖像是通过影像、雕塑、绘画等方式在一定载体上所反映的特定自然人可以被识别的外部形象。任何组织或者个人不得以丑化、污损，或者利用信息技术手段伪造等方式侵害他人的肖像权。未经肖像权人同意，不得制作、使用、公开肖像权人的肖像，但按法律规定可以合理使用的情形除外。

相关链接

《中华人民共和国民法典》（节选）

第一千零二十条 合理实施下列行为的，可以不经肖像权人同意：

（一）为个人学习、艺术欣赏、课堂教学或者科学研究，在必要范围内使用肖像权人已经公开的肖像；

（二）为实施新闻报道，不可避免地制作、使用、公开肖像权人的肖像；

（三）为依法履行职责，国家机关在必要范围内制作、使用、公开肖像权人的肖像；

（四）为展示特定公共环境，不可避免地制作、使用、公开肖像权人的肖像；

（五）为维护公共利益或者肖像权人合法权益，制作、使用、公开肖像权人的肖像的其他行为。

名誉权、荣誉权。名誉是对民事主体的品德、声望、才能、信用等的社会评价。荣誉是国家和社会对有突出贡献或表现的民事主体给予的积极的正式评价。任何组织或者个人不得以侮辱、诽谤等方式侵害他人的名誉权，不得非法剥夺他人的荣誉称号，不得诋毁、贬损他人的荣誉。

隐私权。隐私是自然人的私人生活安宁和不愿为他人知晓的私密空间、私密活动、私密信息。任何组织或者个人不得以刺探、侵扰、泄露、公开等方式侵害他人的隐私权。

相关链接

有时候，我们的聊天记录、信件或日记会被他人擅自翻看，或许他们是出于关心，并无恶意。但每个人的隐私权都受法律保护，我们可以要求他们尊重我们的隐私权。

在银行柜台业务办理大厅或机场安检大厅，地上画着一条黄线，即“一米线”。在黄线外等待的客户与正在办理业务的客户之间应该保持一米左右的距离。这条线既避免了大家挤在一起干扰工作秩序，也避免了隐私泄露，形成了个人隐私的防线。

2. 民法保护财产权

阅读与思考

战国时期的《商君书》记载了这样一个故事：“一兔走，百人逐之，非以兔为可分以为百，由名分之未定也。夫卖兔者满市，而盗不敢取，由名分已定也。”这个故事讲述的是：野地里有一只兔子引来百人争抢，而市场上那么多兔子却没有一个人擅自去拿，甚至连盗贼都不敢去争抢。

- 说说为什么人们不敢去争抢市场上的兔子。

财产权是以财产利益为内容的权利。每个人的财产权都受法律平等保护，任何组织和个人不得侵犯。侵犯他人财产权要承担法律责任。民法对财产权的确认和保护，是社会经济生活健康有序发展的重要保障。每个人在社会生活中都享有包括物权、债权、知识产权和继承权等在内的财产权。

物权，是指权利人依法对特定的物享有直接支配和排他的权利。物包括不动产和动产。物权有多个种类，其中最典型、最完整的物权是所有权。所有权是所有权人对自己的不动产或者动产，依法享有占有、使用、收益和处分的权利。所有权依民法行使，受民法保护。

相关链接

房屋是典型的不动产。不动产所有权的设立、变更、转让和消灭以登记为准，因此，房屋买卖必须到房产管理部门登记，并办理不动产权证书，才能完成所有权变更。

除不动产之外的大部分财产都属于动产，如手机、手表、单车等。一般的动产所有权的设立和变更通过交付完成，无须登记。

债权，是指债权人请求债务人为或者不为一定行为的权利。因签订、履行合同产生的债权，是生活中最常见的债权。因侵权行为而产生的赔偿请求权，也是一种债权。债权还可以因无因管理等产生。民法规定了债务人的责任，保障了债权人利益的实现。

相关链接

无因管理，即没有法定或约定义务，为避免他人利益损失而对他人事务进行的管理。

小兰养的宠物狗走失了，被相邻社区的王阿姨好心收养了。收养期间，宠物狗生病，王阿姨带它到宠物医院看病，花了不少钱。后来小兰找到了宠物狗，把狗领回了家。王阿姨的行为属于无因管理，她有权让小兰偿还她因为照顾宠物狗所支出的必要费用。

知识产权，是民事主体对其智力成果依法享有的专有权利。民事主体对自己创作或研发的作品、发明、商标等享有知识产权。知识产权主要包括著作权、专利权、商标权等。对智力成果进行法律保护，有利于鼓励创新，保护知识创造者的利益。

继承权，是继承人依据法律或遗嘱而取得他人遗产的权利。自然人可以立遗嘱将个人财产指定由法定继承人中的一人或者数人继承，也可以赠与国家、集体或者法定继承人以外的组织或个人。没有遗嘱或遗赠的，按照法定顺序继承。民法保护被继承人和继承人的利益。

启思导行

民法保护我们的人身权利和财产权利。学校举办“民法知识大家谈”活动。

- 分组检索与人身权利或财产权利相关的民法条文或民事案例，在班级进行分享。

三、违约侵权要承担民事责任

1. 违约责任

阅读与思考

王某挂牌100万元出售自己的一套房屋。买家崔某看房后非常满意，遂与王某签订了房屋买卖合同，合同约定崔某先交10万元作为定金，一个月后交全款并办理房屋过户手续。在此期间王某反悔，提出退还崔某10万元定金，取消交易。崔某不答应，要求王某继续履行合同，或返还20万元作为补偿。

- 崔某主张王某双倍返还定金是否合理？
- 违反合同约定一般承担哪些责任？

合同，也称契约，是民事主体之间设立、变更、终止民事法律关系的协议。只有弘扬契约精神，诚信履约，才能有效实现合同目的，维护正常的经济秩序。

如果当事人不履行合同义务，或者履行合同义务不符合约定，应当承担继续履行、采取补救措施或者赔偿损失等违约责任。补救措施包括修理、重作、更换等。赔偿损失的额度相当于违约造成的损失。当事人也可以约定一方违约时向对方支付一定数额的违约金或约定损失赔偿的计算方法。

相关链接

小刘在商场购买某品牌笔记本电脑一台，在此后一个星期的使用过程中发现电脑表面温度太高并经常死机，导致大量数据丢失。小刘要求商场更换电脑并赔偿由于数据丢失造成的损失。商场只同意更换，但不同意赔偿损失。小刘将商场告上法院。法院经审理认为，电脑存在质量瑕疵，导致数据丢失属实。商场履行合同义务不符合约定，应当承担违约责任，为小刘更换电脑，并赔偿因违约而给小刘造成的损失。

当事人还可以通过给付定金的方式为合同履行提供担保。给付定金的一方不履行合同义务或者履行合同义务不符合约定，致使不能实现合同目的的，无权请求返还定金；收受定金的一方不履行合同义务或者履行合同义务不符合约定，致使不能实现合同目的的，应当双倍返还定金。

相关链接

项目	定义	返还方式	数额
订金	合同预付款，合同履行时可以抵作价款。	合同因故解除的，订金应当返还。	没有限制。
定金	为保障合同履行专门设定的附属合同担保方式。	债务人履行债务的，定金应当抵作价款或者收回。给付定金的一方不履行债务或者履行债务不符合约定，致使不能实现合同目的的，无权请求返还定金；收受定金的一方不履行债务或者履行债务不符合约定，致使不能实现合同目的的，应当双倍返还定金。	定金的数额由当事人约定；但是，不得超过主合同标的额的20%，超过部分不产生定金的效力。

2. 侵权责任

阅读与思考

燕某在小区乘坐电梯下楼时，发现董某正在电梯里抽烟，遂上前劝阻，说公共场所禁止吸烟。两人因此发生了争吵，燕某一直比较冷静，董某情绪却非常激动，争吵十多分钟之后，董某突发心脏病猝死。董某的妻子遂将燕某诉至法院，要求他承担死亡赔偿金共计50万元。法院经审理后认为，燕某对董某在电梯间吸烟的行为予以劝阻，不属于加害行为，燕某并无过错，不应承担侵权责任。董某的死亡属于意外事件。

- 查阅资料，说说为什么燕某不承担侵权责任。

每个人在日常生活中都要正当地行使和维护自己的民事权利，同时也要尊重他人的合法权益，不得侵犯他人权利。尊重彼此的权利，既是每个人必须履行的法律义务，也是维护社会安定团结的道义要求。如果侵犯了他人的民事权利，就要承担侵权责任；情节严重构成犯罪的，还要承担刑事责任。

一般侵权。基于故意或过失侵犯他人的人身权利和财产权利，应当承担民事责任。情节严重的，还有可能受到行政处罚或刑事制裁。一般情况下，只要行为人主观上有过错，实施了加害行为且对他人的民事权益造成了实际的损害，就构成侵权，应该承担侵权责任。

相关链接

胡某与崔某是同学，某日双方因琐事产生矛盾，崔某便在网上对胡某进行辱骂，还将这些言语附上胡某的照片。该事件给胡某的学习、生活造成了严重影响。随后，胡某及其父母诉至法院。法院经审理认为：人格权受法律保护，任何组织或者个人不得侵害。行为人因过错侵害他人民事权益造成损害的，应当承担侵权责任。崔某在网上发布侮辱性言语的行为，侵犯了胡某人格权，故依法判决崔某向胡某公开赔礼道歉，并赔偿精神损失费1 500元。

特殊侵权。按照法律规定，有些特殊情形下的侵权行为，只要行为人不能排除自己的过错，就应该承担责任。比如，建筑物或者其他设施的搁置物、悬挂物发生脱落、坠落造成他人损害，所有人、管理人或者使用人不能证明自己没有过错的，应当承担侵权责任。还有些侵权行为，即使行为人没有过错，只要侵权行为与损害结果之间存在因果关系，就要承担责任，如产品缺陷致人损害、饲养动物致人损害等。

侵权责任的承担方式。侵权责任的承担方式有停止侵害、排除妨碍、消除危险、返还财产、恢复原状、消除影响、恢复名誉、赔礼道歉、损害赔偿等。其中，损害赔偿是侵权责任的主要承担方式，既包括人身与财产的直接损害赔偿，也包括精神损害赔偿。

启思导行

在日常生活中，违约或侵权的行为时有发生。

- 结合自己所在专业或相关职场中具体的违约行为或侵权行为，思考一下这些行为的后果怎样，应该承担什么样的责任，并与大家分享。

第12课
自觉抵制犯罪

“法者，所以兴功惧暴也；律者，所以定分止争也。”我国刑法是惩罚犯罪、保护人民的有力武器。犯罪具有严重社会危害性，是我们成长道路上最凶险的陷阱。学习本课，我们将理解我国刑法的目的、任务和基本原则，了解犯罪的种类、特征和构成要件，认清犯罪行为的后果，掌握与违法犯罪分子作斗争的方法，自觉抵制犯罪，做到有勇有谋应对违法犯罪。

一、刑法是惩罚犯罪保护人民的利器

1. 我国刑法的目的和任务

阅读与思考

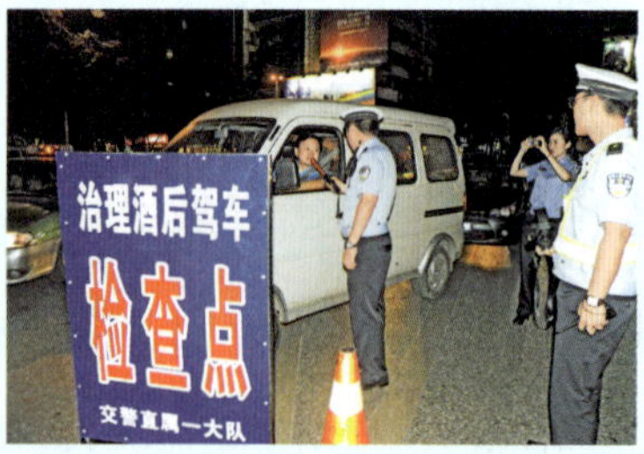

随着经济社会快速发展，机动车和驾驶员数量猛增，道路交通安全事故频发。其中，醉酒驾车肇事案件高发，严重危害了人民群众的安全。

为了惩罚醉酒驾车行为，保护道路安全，2011年2月第十一届全国人大常委会第十九次会议通过的《中华人民共和国刑法修正案（八）》规定，在道路上醉酒驾驶机动车的，处拘役，并处罚金。

醉驾入刑以来，酒驾治理效果明显，社会警示教育作用显著，“开车不饮酒、饮酒不开车”已经成为社会共识，公民自觉守法意识大幅提升。

- 查一查我国制定刑法的目的是什么。
- 结合事例，说说我国刑法的任务是什么。

刑法是规定犯罪、刑事责任和刑罚的法律，是国家法律体系的重要组成部分。我国刑法在中国特色社会主义法律体系中居于基础性、保障性地位，是惩罚犯罪、保护人民的有力武器。

惩罚犯罪是通过刑事诉讼活动，准确、及时地查明犯罪事实，在正确适用法律的基础上，惩罚犯罪分子。惩罚不是目的，而是手段。惩罚犯罪，可以保护国家和人民利益。

刑罚是惩罚犯罪的法定方式，其目的是预防犯罪。对犯罪分子适用刑罚，既能防止其再次犯罪，又能震慑潜在的犯罪，对社会上的不稳定分子起到警示作用，促使他们消除犯罪念头，防止犯罪行为的发生。

根据我国刑法规定，刑罚分为主刑和附加刑两大类。主刑对犯罪分子独立适用。对于一个犯罪行为，只能判处一个主刑。附加刑既可以附加于主刑适用，也可以独立适用。

相关链接

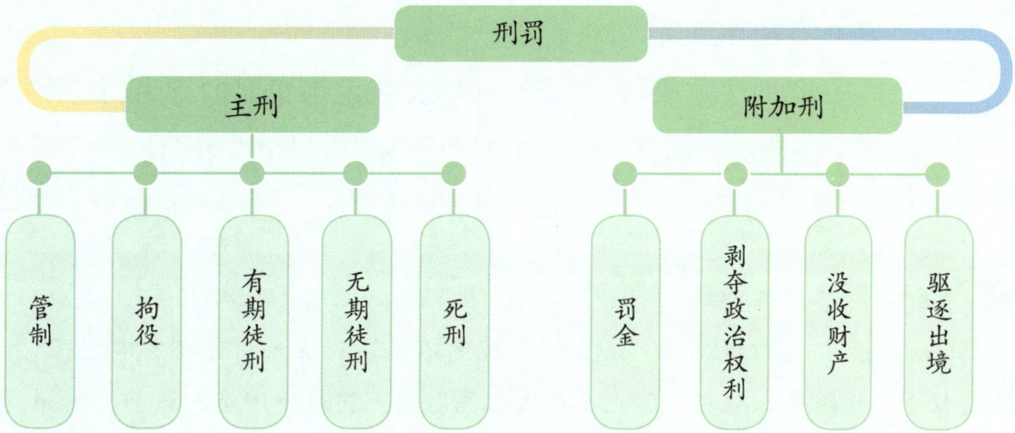

我国刑法的任务，是用刑罚同一切犯罪行为作斗争，以保卫国家安全，保卫人民民主专政的政权和社会主义制度，保护国有财产和劳动群众集体所有的财产，保护公民私人所有的财产，保护公民的人身权利、民主权利和其他权利，维护社会秩序、经济秩序，保障社会主义建设事业的顺利进行。

相关链接

近年来，互联网对经济发展和社会生活的影响日益深入，网络犯罪的形式也在不断变换、迭代升级，网络诈骗、网络赌博、网络金融犯罪等新型犯罪行为层出不穷；网络犯罪主体开始向低龄、低学历、低收入人群发展，一些在校学生、务工人员都深陷其中。网络犯罪不仅给受害人造成大量财产损失，侵害公民的人身权利、民主权利，而且严重危害社会秩序、经济秩序和国家安全。我国刑法对这类行为作出明确规定，具体体现了我国刑法的任务。

谨防网络诈骗

2. 我国刑法的基本原则

阅读与思考

甲和乙看到戴着金项链、拿着新款手机的某女子后，心生歹意。甲怂恿乙为他放风，抢走价值1万多元的项链和5 000多元的手机。随后，二人逃离现场，5天后被公安机关抓获。

法院审理认为，甲、乙暴力抢夺他人财物的行为构成抢劫罪，判处甲有期徒刑4年，罚金1.4万元；判处乙有期徒刑1年，罚金2 000元。

- 法院对甲、乙行为处罚的法律依据是什么？体现了刑法的哪些基本原则？

我国刑法明确规定了罪刑法定、适用刑法人人平等、罪责刑相适应三项基本原则。这些基本原则贯穿全部刑法规范，对刑事立法和刑事司法具有指导意义。

罪刑法定原则，是指法律明文规定为犯罪的行为，依照法律定罪处罚；法律没有明文规定为犯罪的行为，不得定罪处罚。

相关链接

罪刑法定原则，可以概括为“法无明文规定不为罪，法无明文规定不处罚”，目的是维护法制权威、保障个人权利，防止公权力机关滥用刑罚权侵害个人权利。例如，我国刑法第十五条规定，过失犯罪，法律有规定的才负刑事责任。

适用刑法人人平等原则，是指对任何人犯罪，在适用法律上一律平等，不允许任何人有超越法律的特权。

相关链接

适用刑法人人平等原则，是法律面前人人平等原则在刑法领域贯彻实施的表现，在我国刑法总则与分则中均有体现。

我国刑法总则除第四条明文规定适用刑法人人平等原则外，还在多个条文中体现了这一原则。例如，刑法对其适用范围的规定表明，凡在我国领域内实施犯罪的，除法律有特别规定外，都应适用我国刑法。又如，刑法对单位犯罪的规定表明，只要是由单位实施的犯罪行为，都应追究刑事责任，而不论单位是公司、企业、事业单位还是机关、团体。

罪责刑相适应原则，是指刑罚的轻重，应当与犯罪分子所犯罪行和应承担的刑事责任相适应。它要求对行为人判处的刑罚，不仅要与犯罪行为的危害程度相适应，还要与行为人的刑事责任相适应，即综合行为人的主观恶性和人身危险性等因素，依法确定行为人的刑事责任程度，并对其适用相应轻重的刑罚。

启思导行

2020年12月26日，第十三届全国人大常委会第二十四次会议表决通过了《中华人民共和国刑法修正案（十一）》，新修正案自2021年3月1日起正式实施。

该修正案除了涉及备受关注的刑事责任年龄外，还对安全生产、金融市场秩序、知识产权、生态环境等领域也进行了完善和修改，对一些社会反映突出的犯罪行为作了明确规定。比如，明确了高空抛物、妨害公共交通工具安全驾驶的犯罪，以维护“头顶上的安全”和“出行安全”。又如，将侮辱、诽谤英雄烈士名誉、荣誉的行为明确规定为犯罪等。

- 查阅该刑法修正案相关内容，选取其中一条，结合我国刑法的目的和任务，谈谈这样修改的必要性和重要性。

二、与犯罪行为作斗争

1. 了解犯罪的特征和构成要件

阅读与思考

陈某与吴某因一件小事发生争执，继而动手扭打起来。陈某被吴某打倒在地后极为恼怒，掏出随身携带的水果刀猛地向吴某腹部捅去，致使吴某脾脏破裂，后被法医鉴定为重伤。

- 陈某的行为是否构成犯罪？
- 与一般违法行为相比，犯罪有哪些基本特征？

我国刑法规定，一切危害国家主权、领土完整和安全，分裂国家、颠覆人民民主专政的政权和推翻社会主义制度，破坏社会秩序和经济秩序，侵犯国有财产或者劳动群众集体所有的财产，侵犯公民私人所有的财产，侵犯公民的人身权利、民主权利和其他权利，以及其他危害社会的行为，依照法律应当受到刑罚处罚的，都是犯罪，但是情节显著轻微危害不大的，不认为是犯罪。

相关链接

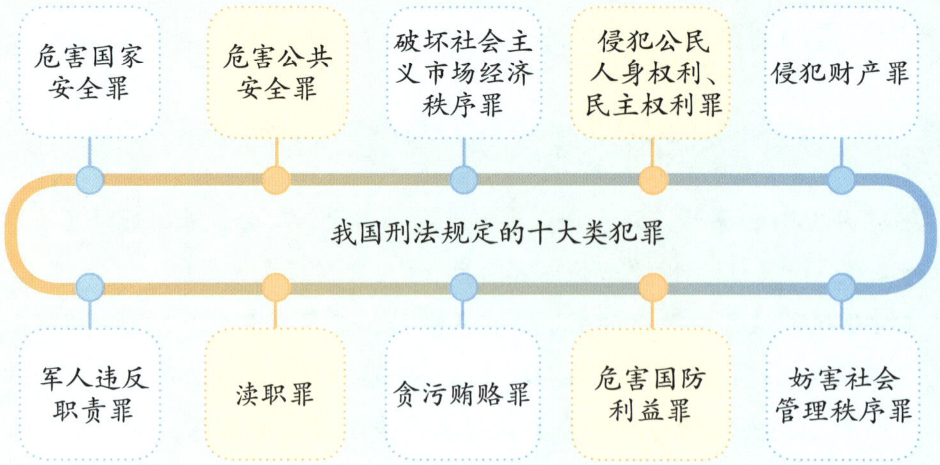

与一般违法行为相比，犯罪具有严重社会危害性、刑事违法性、应受刑罚处罚性三个基本特征。其中，严重社会危害性是犯罪的最本质特征。三个基本特征相互联系、不可分割，共同构成区分罪与非罪的标准。

相关链接

严重社会危害性，是犯罪最本质、最基本的特征。如果某种行为根本不可能给社会带来危害，法律就不能把它规定为犯罪，更不能对它进行惩罚。

刑事违法性，是犯罪的法律特征。如果没有触犯刑事法律，即便该行为具有严重的社会危害性，也不能以犯罪论处。

应受刑罚处罚性，是行为严重危害社会、违反刑事法律应当承担法律后果的特征。如果某一行为不应当受刑罚处罚，就意味着它不是犯罪。

任何一种犯罪的成立都必须具备四个方面的构成要件，即犯罪客体、犯罪客观方面、犯罪主体、犯罪主观方面。

犯罪客体，是指为刑法所保护而被犯罪行为所侵犯的社会关系。不同的犯罪侵犯的直接客体有所不同，如故意杀人罪侵犯的直接客体是生命权，诈骗罪侵犯的直接客体是公私财物所有权或占有权。

相关链接

同样的人或物，在不同的场合，可能构成不同的社会关系，导致不同罪名的成立。以盗窃电线为例，如果张某盗窃库房中的电线，侵犯的客体是公私财产的所有权，构成盗窃罪；如果张某盗窃正在用于通信的电线，侵犯的客体则是公共安全方面的正常通信秩序，构成破坏通信设备罪。

犯罪客观方面，是指行为成立犯罪所必须具备的客观事实特征，主要包括危害行为、危害结果等。危害行为是在人的意识支配下实施的危害社会并为刑法所禁止的活动，危害结果是危害行为给犯罪客体所造成的侵害事实或危险状态。

犯罪主体，是指实施危害社会的行为并依法应当负刑事责任的自然人和单位。其中，自然人是最基本的犯罪主体，一般指实施刑法规定的危害社会行为、已达刑事责任年龄且具有刑事责任能力的自然人。有些犯罪中，企事业单位、机关、团体也可能成为犯罪主体。

相关链接

我国刑法第十七条对刑事责任年龄作了相关规定。

12周岁	已满12周岁不满14周岁的人，犯故意杀人、故意伤害罪，致人死亡或者以特别残忍手段致人重伤造成严重残疾，情节恶劣，经最高人民检察院核准追诉的，应当负刑事责任。
14周岁	已满14周岁不满16周岁的人，犯故意杀人、故意伤害致人重伤或者死亡、强奸、抢劫、贩卖毒品、放火、爆炸、投放危险物质罪的，应当负刑事责任。
16周岁	已满16周岁的人犯罪，应当负刑事责任。
不满18周岁	对被追究刑事责任的不满18周岁的人，应当从轻或者减轻处罚。
75周岁	已满75周岁的人故意犯罪的，可以从轻或者减轻处罚；过失犯罪的，应当从轻或者减轻处罚。

需要注意的是，刑法第十七条还规定，“因不满十六周岁不予刑事处罚的，责令其父母或者其他监护人加以管教；在必要的时候，依法进行专门矫治教育”。

犯罪主观方面，是指行为人对其实施的危害行为及其危害结果所具有的心理状态，包括犯罪故意和犯罪过失等。我国刑法规定，明知自己的行为会发生危害社会的结果，并且希望或者放任这种结果发生，因而构成犯罪的，是故意犯罪。应当预见自己的行为可能发生危害社会的结果，因为疏忽大意而没有预见，或者已经预见而轻信能够避免，以致发生这种结果的，是过失犯罪。

2. 有勇有谋应对违法犯罪

阅读与思考

一天晚上，几名学生正在河边散步，突然听到不远处的树林里有人大声呼喊："救命啊！有人抢劫！"他们赶紧跑过去，发现有歹徒正在抢劫一位路人的财物。一名学生马上拨打电话报警，其他学生则在路边捡起了木棒和砖块，一边大声呼喊路人帮助，一边慢慢靠近逼退歹徒。最终，警察及时赶到，成功抓获了歹徒。这几名学生有勇有谋的见义勇为之举，得到了公安部门和学校的赞扬和奖励。

- 结合事例，谈谈生活中应该如何有勇有谋应对违法犯罪。

犯罪行为给国家和社会带来了严重危害，损害他人的生命健康、财产安全等，给被害人及其家庭带来巨大伤害；犯罪者要为自己的犯罪行为付出沉重代价，受到刑罚处罚，也会给家人带来伤害。

我们一定要认清犯罪行为的严重后果，增强预防犯罪意识，提高辨别是非和自我保护能力，自觉抵制违法犯罪行为的引诱和侵害，远离犯罪。

相关链接

《中华人民共和国预防未成年人犯罪法》（节选）

第三十八条 本法所称严重不良行为，是指未成年人实施的有刑法规定、因不满法定刑事责任年龄不予刑事处罚的行为，以及严重危害社会的下列行为：

（一）结伙斗殴，追逐、拦截他人，强拿硬要或者任意损毁、占用公私财物等寻衅滋事行为；

（二）非法携带枪支、弹药或者弩、匕首等国家规定的管制器具；

（三）殴打、辱骂、恐吓，或者故意伤害他人身体；

（四）盗窃、哄抢、抢夺或者故意损毁公私财物；

（五）传播淫秽的读物、音像制品或者信息等；

（六）卖淫、嫖娼，或者进行淫秽表演；

（七）吸食、注射毒品，或者向他人提供毒品；

（八）参与赌博赌资较大；

（九）其他严重危害社会的行为。

我国法律鼓励和支持公民同违法犯罪行为作斗争。当国家、公共利益、本人或者他人的人身、财产和其他权利受到不法侵害时，可以进行正当防卫。当上述权利面临危险时，不得已也可以进行紧急避险。因正当防卫和紧急避险造成损害的，不承担刑事责任。

相关链接

一天晚上，田某从同学家归来，路过一条偏僻的胡同时，遭到黄某持刀相逼，让他交出钱和手表。田某扭头就跑，结果跑进了死胡同，黄某持刀紧随其后。紧急情况下，田某拿起墙角的一根木棒向黄某头部大力挥去，黄某应声倒下。田某立即拨打 110 报警，后经查验，黄某已死亡。

根据刑法规定，田某属于正当防卫，不负刑事责任。我国刑法第二十条第三款规定：“对正在进行行凶、杀人、抢劫、强奸、绑架以及其他严重危及人身安全的暴力犯罪，采取防卫行为，造成不法侵害人伤亡的，不属于防卫过当，不负刑事责任。”

面对不法侵害时，我们要临危不惧，依靠自己的智慧迅速而准确地作出判断，采取机智灵活的方法与不法分子展开斗争，有勇有谋应对违法犯罪。

启思导行

未成年人同违法犯罪行为作斗争的方法和技巧

- 不轻易与歹徒发生正面冲突，及时拨打 110 报警电话或告诉附近成年人，寻求他们的帮助。
- 发现被歹徒盯上，营造声势，与犯罪分子巧妙周旋。
- 设法稳住犯罪分子，记住犯罪分子特征、作案工具和逃跑方向，以便向警方提供线索。
- 保护好现场，及时拍照或录音录像。

- 分组讨论，列举其他同犯罪行为作斗争的方法和技巧。

第13课
学会依法维权

每个人都要珍惜自己的权利，尊重他人的权利。当自己的合法权益受到侵害时，要善于拿起法律的武器，依法理性维权。学习本课，我们将了解解决纠纷的诉讼及非诉讼方式，掌握民事诉讼和行政诉讼的基本程序，培养程序正义理念，提高依法理性维权的意识和能力，做尊法学法守法用法的好公民。

一、依法理性维权

1. 通过非诉讼方式维权

阅读与思考

小韩以3 000元的价格从某电器商城购买了一款手机。使用没多久，手机在正常充电时，突然爆炸起火。小韩的左手被烧伤，花费医疗费近3 000元。

- 小韩的损失应该由电器商城还是手机厂家来赔偿？
- 小韩可以通过哪些途径维护自己的合法权益？

手机电池爆炸了

化解矛盾、解决纠纷、维护权利的途径有多种。我们既可以通过诉讼来维权，也可以通过和解、调解、仲裁、行政复议等非诉讼手段来解决纠纷。与诉讼相比，非诉讼手段维权更简单便捷。纠纷发生后，当事人可以首先尝试通过非诉讼手段解决纠纷，维护权利。

相关链接

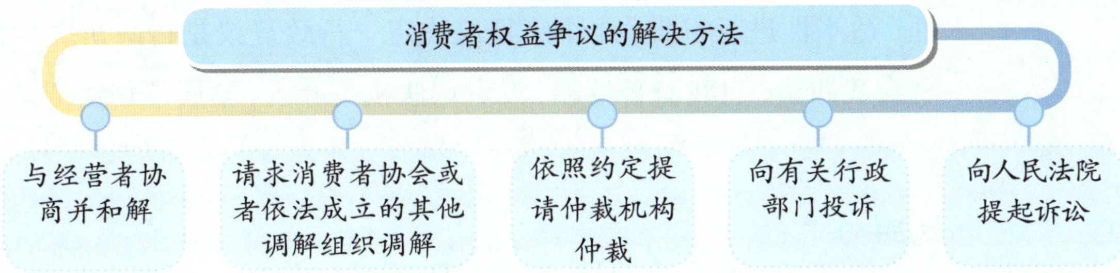

和解，是指民事纠纷当事人在自愿的基础上，平等协商、互相妥协，友好解决纠纷。它符合中国人以和为贵的传统理念，有利于和和气气化解矛盾。

调解，是指民事纠纷当事人在第三方的主持、协调下，在平等协商基础上，自愿达成协议，解决纠纷。主持调解的，既可以是双方都信任的个人，也可以是人民调解委员会或政府机关等。

仲裁，包括商事仲裁、劳动争议仲裁等。商事仲裁是指当发生经济纠纷时，当事人根据达成的仲裁协议，自愿将争议提交给仲裁机构进行裁决，解决纠纷。在商事仲裁与诉讼之间，当事人只能选择其中之一，仲裁一经作出，即发生法律效力。当发生劳动争议后，当事人可以向劳动争议仲裁委员会提出劳动仲裁申请，由仲裁委员会依法作出具有法律约束力的裁决，这就是劳动争议仲裁。一般来说，未经劳动仲裁程序，当事人不得直接向人民法院提起诉讼。劳动争议仲裁委员会对当事人的仲裁申请不予受理的，申请人可以向人民法院提起诉讼。当事人对仲裁裁决不服的，可以向人民法院提起诉讼。

相关链接

《中华人民共和国劳动争议调解仲裁法》（节选）

第二条　中华人民共和国境内的用人单位与劳动者发生的下列劳动争议，适用本法：

（一）因确认劳动关系发生的争议；

（二）因订立、履行、变更、解除和终止劳动合同发生的争议；

（三）因除名、辞退和辞职、离职发生的争议；

（四）因工作时间、休息休假、社会保险、福利、培训以及劳动保护发生的争议；

（五）因劳动报酬、工伤医疗费、经济补偿或者赔偿金等发生的争议；

（六）法律、法规规定的其他劳动争议。

行政复议，是指当事人如果认为行政机关作出的决定侵犯了自己的合法权益，可以申请上一级行政机关或本级人民政府对该决定的合法性、适当性进行审查，并作出复议决定。行政复议是行政机关内部的一种自我纠错、自我监督活动，没有司法机关介入，不属于司法活动。

2. 通过诉讼方式维权

阅读与思考

- 小杨在上学途中被电动车撞伤，向肇事者提起诉讼。
- 陶某从事网络诈骗活动，被检察机关提起诉讼。
- 小朱被公司辞退，因对经济补偿不满提起诉讼。
- 小范因对市场监管部门的执法不服提起诉讼。

- 以上各种纠纷分别对应哪一类诉讼？

诉讼，指的是国家司法机关及其公职人员，在当事人的参与下，依照法定职权和程序处理案件、解决纠纷的专门活动。通过诉讼维权，要知道自己的诉讼属于哪种类型、由哪个机关管辖、要经历哪些程序。只有这样，才能理性诉讼，依法维权。

根据案件性质的不同，诉讼可以分为民事诉讼、行政诉讼和刑事诉讼三种。民事诉讼和行政诉讼与人们的日常生活联系最为紧密，在依法维权过程中，一般需由当事人或其法定代理人向法院提起。刑事诉讼是司法机关认定犯罪、追究行为人刑事责任的活动，主要由人民检察院代表国家提起。

相关链接

民事诉讼是人民法院审理涉及人身关系或财产关系纠纷的案件的活动。因婚姻、收养、继承、人格权、债权、物权、知识产权、劳动等发生纠纷，当事人可以提起民事诉讼，维护民事权益。

公民、法人或者非法人组织认为行政机关及其工作人员的行政行为侵犯自己的合法权益，可以向人民法院提起行政诉讼。例如，对于行政处罚等不服，或者认为行政机关不履行职责、滥用职权造成自己权益损失的，都可以提起行政诉讼。

民事诉讼和行政诉讼的管辖包括级别管辖和地域管辖。前者解决第一审案件应该由哪一个级别的法院受理的问题，后者解决第一审案件应由同一级别中哪一个地区的法院受理的问题。级别管辖一般根据案件的复杂程度和社会影响大小进行划分，普通案件一般由基层人民法院受理，重大案件一般由中级人民法院或高级人民法院受理。地域管辖一般遵循“原告就被告”的原则，由被告所在地人民法院管辖。

相关链接

民事诉讼级别管辖

法院级别	管辖权范围
基层人民法院	大部分第一审民事案件。
中级人民法院	重大涉外、在本辖区有重大影响、最高人民法院确定由中级人民法院管辖的第一审民事案件。
高级人民法院	在本辖区有重大影响的第一审民事案件。
最高人民法院	在全国有重大影响的或者最高人民法院认为应当由其审理的第一审民事案件。

民事诉讼和行政诉讼程序一般指审判程序，都要经历起诉、受理、审理和宣判等环节。起诉就是当事人依据一定的事实和理由，依法向人民法院提出诉讼请求。法院对符合法定条件的起诉登记立案后，诉讼就进入了第一审程序。开庭审理要经过法庭调查、法庭辩论等阶段，最后作出裁判。当事人不服一审裁判的，有权向上一级人民法院提起上诉。二审裁判为终审裁判，当事人不得再上诉。

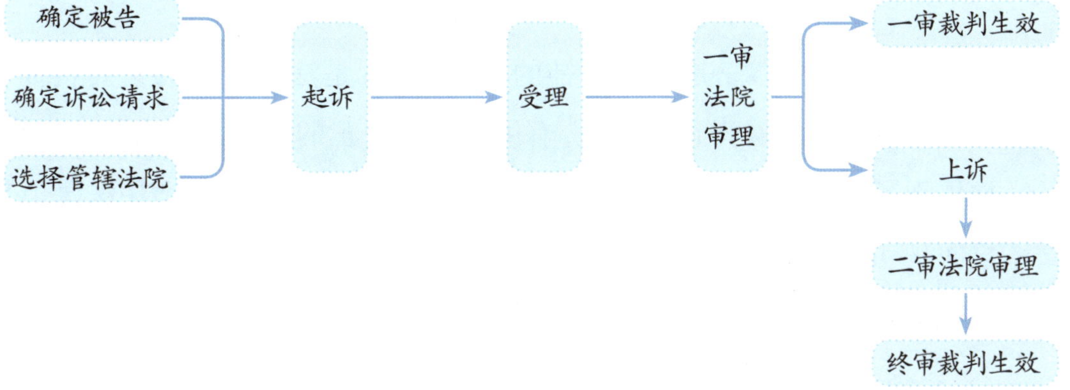

民事诉讼流程示意图

启思导行

职工与用人单位的劳动争议，也属于民事纠纷。劳动争议与普通民事纠纷的处理方式略有不同。如果当事人协商或调解不成，可以到当地的劳动争议仲裁委员会申请仲裁；如果对仲裁结果仍不满意，才可以到人民法院提起民事诉讼。未经劳动争议仲裁，不得直接提起民事诉讼。申请劳动仲裁，要提交申请书；提起民事诉讼，要准备起诉状，以便明确诉求，说明事实和理由。

- 查阅劳动争议案例，模拟起草一份劳动仲裁申请书或劳动争议起诉状。

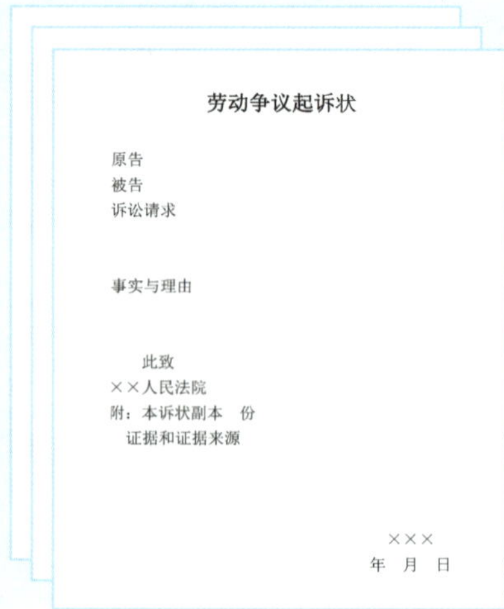

劳动争议起诉状

原告
被告
诉讼请求

事实与理由

此致
××人民法院
附：本诉状副本 份
证据和证据来源

×××
年 月 日

二、崇尚程序正义

1. 讲程序重证据

阅读与思考

王某在赵某的麻辣烫大排档当收银员。两人因为借贷纠纷诉至人民法院。原告王某诉称，赵某曾以店面装修为由，多次口头向他借钱，他以现金方式借给赵某共计2万元。王某请求法院判令赵某还钱，但被告赵某否认两人存在借贷关系，辩称王某给他的钱全部为麻辣烫经营收益，因为王某是收银员。

法院审理认为，尽管原告主张存在现金借贷关系，但原告既没有借条，也没有现金支付的事实证据，故驳回原告王某的诉讼请求。

- 结合事例，说说证据在诉讼程序中的作用。

崇尚程序正义，是法治精神的重要体现，是法治社会的重要特征。程序正义是一种看得见的正义，有助于结果公正的实现。正当的法律程序体现了过程的理性，有利于司法机关依法查明案情、正确适用法律，最终实现司法公正。用证据说话，是程序正义的重要标志。所有证据必须经查证属实，才能作为认定事实的根据。

相关链接

民事诉讼一般有八种证据。

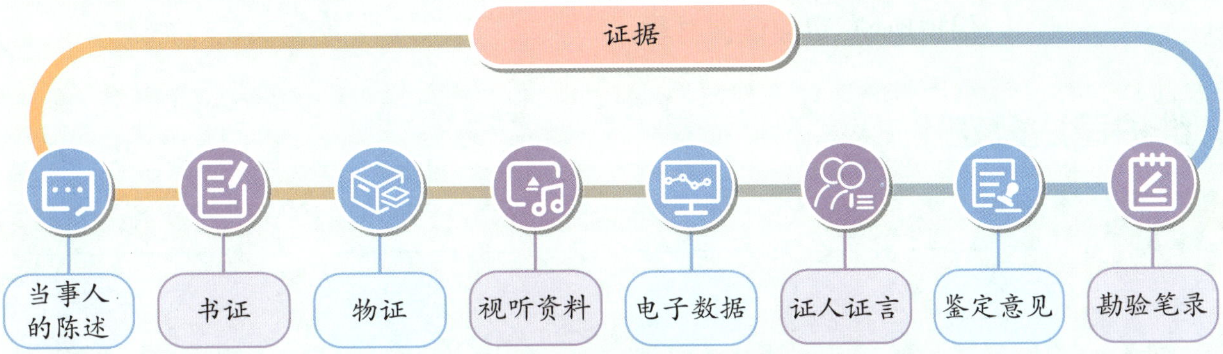

行政诉讼除了有以上几类证据外，现场笔录也是证据。

诉讼过程中一般都遵循“谁主张，谁举证”的原则。在民事诉讼中，原告需拿出证据证明自己的诉讼请求成立，如果原告举证不力，则要承担败诉的不利后果。在刑事诉讼中，由公诉人或自诉人提供被告人有罪的证据，不得强迫被告人自证其罪。

相关链接

行政诉讼的举证规则有所不同。在行政诉讼中，原告只需证明有行政机关及其工作人员侵犯了自己的合法权益即可。至于该行政行为是否具有合法性、正当性，则由被告——行政机关来进行证明。如果行政机关不能为其行政行为提供合法、合理的依据，则要承担败诉的不利后果。这种举证责任倒置的设置，充分考虑了行政案件举证的可行性和公平性，体现了对公民权利的最大化保护，体现了程序正义的精神。

证据不仅要客观真实，还要依法取得。违反法定程序取得的证据，应当予以排除，不得作为定案的依据。以偷拍、偷录、窃听等手段获取的侵害他人合法权益的证据材料，不得作为证据使用。伪造证据或非法取证，还要承担法律责任。

相关链接

赵某是一起机动车交通事故纠纷案件的当事人，为了让保险公司承担更多的理赔责任，他伪造了关于事故责任的一些关键证据，被保险公司当庭揭穿。经法庭审理核实，赵某提供的证据确系伪造。于是，法庭不但认定这些证据无效，而且根据民事诉讼法相关规定，对赵某作出了拘留10天、罚款5 000元的决定。

在日常生活中，要提高证据意识，注意留存证据材料。在消费活动中，要注意留存消费单据或发票；在商贸活动中，要注意保存合同和支付凭证；在职场上，一定要签署书面劳动合同；当遇到违法犯罪时，要注意保护现场，留存证据材料。

2. 维护司法公正

阅读与思考

张某欠钱不还，经人民调解委员会调解与债主达成调解协议，后又反悔，拒不执行调解书。债主遂将其告上法庭，最后追回了欠款。

小秦与公司发生劳动争议，经过劳动争议仲裁之后，小秦对仲裁结果仍不满意。按照法律规定，小秦可以自收到仲裁裁决书之日起 15 日内向人民法院提起诉讼。于是，小秦又将公司告上法庭。法庭经审理，维护了他的合法权益。

小孙开车上班途中被路人拦下求搭顺风车，路人上车不久后，便遇到城管现场执法。小孙被认定是开“黑车”拉活儿，受到扣车罚款的处罚。小孙感到冤枉，提起行政复议，但对行政复议决定不服便诉至法院，最后法院判决撤销了该处罚决定，维护了小孙的合法权益。

- 结合材料，谈谈公正司法对于维护社会公平正义发挥着怎样的作用。

人们的合法权益受到侵害时，可以通过各种合法手段维权。当寻求和解、调解、仲裁或行政复议等都无法达到公正的结果时，人们还可以诉至法院，通过司法程序来维护权利。

公正是司法的生命线。司法的过程和结果都应体现公正、平等、正当、正义的精神。如果人们在司法过程中受到不公正待遇，就会对司法公信力和司法权威产生质疑。司法公正对社会公正具有重要引领作用，必须把体现人民利益、反映人民愿望、维护人

> 我们要依法公正对待人民群众的诉求，努力让人民群众在每一个司法案件中都能感受到公平正义，决不能让不公正的审判伤害人民群众感情、损害人民群众权益。
>
> ——习近平

民权益、增进人民福祉落实到全面依法治国各领域全过程，保障和促进社会公平正义。

相关链接

中国共产党一向高度重视公正司法。特别是党的十八大以来，党中央深入推进司法体制改革，采取各种有力举措，如设立最高人民法院巡回法庭、建立并全面实施检察机关提起公益诉讼制度、推进以审判为中心的诉讼制度改革、实行办案质量终身负责制和错案责任倒查问责制等，在促进公正司法、维护社会公平正义方面取得显著成效。

维护司法公正，人民法院应依法独立行使审判权，人民检察院应依法独立行使检察权，不受行政机关、社会团体和个人的干涉。审判人员、检察人员或其他法定人员，如果与诉讼当事人有特别身份关系或与案件有利害关系，应当回避。

人们在司法程序中，应当遵循诚信原则，依法行使诉讼权利、履行诉讼义务。法院依照法定程序作出的终审裁判，人们也应当自觉履行，尊重司法的权威性。

法律既是人们美好生活的有力保障，也是人们日常生活必须遵守的行为规范。每个人都应该崇尚法治精神，尊重法律权威，提升法治素养，做一个尊法学法守法用法的好公民。

启思导行

很多普法宣传的电视节目，如《今日说法》《法治进行时》《普法栏目剧》《与法同行》等，都深受人们欢迎；也有很多司法题材的影视剧，广受好评。

- 精选一个普法剧集，发掘和讲解其中与司法程序相关的元素，推介给大家观看欣赏。

内容概览

- 遵守法律规范
  - 第 10 课 养成遵纪守法好习惯
    - 增强遵纪守法意识
      - 认识法律的特征和作用
      - 认清法律与纪律的关系
    - 履行遵纪守法义务
      - 增强遵纪守法的自觉性
      - 违法违纪要承担责任
  - 第 11 课 依法从事民事活动
    - 民事活动要守法
      - 民事活动的基本原则
      - 民事法律行为的有效条件
    - 民法保护我们的权利
      - 民法保护人身权
      - 民法保护财产权
    - 违约侵权要承担民事责任
      - 违约责任
      - 侵权责任
  - 第 12 课 自觉抵制犯罪
    - 刑法是惩罚犯罪保护人民的利器
      - 我国刑法的目的和任务
      - 我国刑法的基本原则
    - 与犯罪行为作斗争
      - 了解犯罪的特征和构成要件
      - 有勇有谋应对违法犯罪
  - 第 13 课 学会依法维权
    - 依法理性维权
      - 通过非诉讼方式维权
      - 通过诉讼方式维权
    - 崇尚程序正义
      - 讲程序重证据
      - 维护司法公正

学以致用

做尊法学法守法用法的好公民

学习本单元内容，我们认识到法治在国家治理和社会生活中的重要作用，明确了法治素养是现代社会公民的基本素养，体会到依法从事民事活动、自觉抵制犯罪、依法理性维权的必要性。

要运用本单元所学内容，通过参与相关活动，分析解决学习生活中的法律问题，加深理解遵守法律规范的重要性，提升自己的法治素养，做尊法学法守法用法的好公民。

▶活动目标

1. 加深认识法治对国家治理和个人生活的重要意义，明确尊法学法守法用法是好公民的基本素质。

2. 增强尊法学法守法用法的主动性，自觉培育法律信仰，维护法治权威。

3. 养成依法办事的思维方式和行为习惯，努力做到遇事找法、办事依法、解决问题靠法。

▶活动任务

任务一：尊法学法大家谈

法治是社会主义核心价值观的重要内容，是人们的生活方式，也是国家治理现代化的重要标志。做尊法学法守法用法的好公民，首先要尊崇法律、学习法律，树立法治信仰、维护法律权威。

某班级围绕“尊法学法”的主题，展开热烈讨论。

▶议题讨论

有人认为，法律是用来惩治违法犯罪的，只要自己不违法不犯罪，不惹上官司，法律就与自己的生活无关。

结合个人生活实际，谈谈对该观点的认识。

▶案例分析

分析一个与自己生活或专业密切相关的法律案例（或讲一个自己经历过的与法律有关的故事）。

任务二：守法用法见行动

在推进全面依法治国的进程中，每个公民都是法治中国的亲历者、推动者和受益者。做尊法学法守法用法的好公民，是推进全面依法治国、建设社会主义法治国家的必然要求。每个公民都要把尊法学法守法用法变成一种自觉、一种风尚、一种习惯，把对法治的尊崇和信仰转化为实际行动。

某班级围绕“守法用法”的主题，开展以下活动。

▶出谋划策

小文在学习和生活中遇到了一些问题，请帮他按照“遇事找法、办事依法、解决问题靠法”的法治思维方式，维护自己的合法权益。

（1）在网上买到假货时，要求退货或者赔偿损失：

依据的法律规定（列举1~2个）：________________

可以寻求帮助的部门（列举1~2个）：________________

解决问题的途径（列举1~2个）：________________

____

如果打官司，需要履行的程序：________________

____

（2）家人所在的单位违反劳动合同约定时，要求履行合同：

依据的法律规定（列举1~2个）：________________

可以寻求帮助的部门（列举1~2个）：________________

解决问题的途径（列举1~2个）：________________

____

如果打官司，需要履行的程序：________________

____

列举现实生活中的类似事例，说明我们应该如何用法律维护自身合法权益。

▶剧情模拟

开展情景剧模拟表演：围绕日常生活中的常见法律问题或者法治教育案例设计活动，如校园欺凌、网络谣言、校园禁毒、环境污染等。

按照设计脚本（对案例进行加工设计）、角色扮演（依据脚本进行表演）、总结交流等步骤进行。

▶活动建议

1. 复习巩固本单元内容，为做好单元活动打好法律知识基础。

2. 课前做好准备，每个小组选派一名同学课上到讲台讲述法治故事。

3. 选取并观看与本单元内容相关的法律教育专题片。

4. 有条件的学校，课后组织同学旁听一次当地法庭庭审，或开展一次普法宣传志愿者活动。

▶活动评价

评价内容	评价人员	评价方式	评价维度						总结反思
			语言表达	问题分析	事件处理	成果呈现	个人状态	团队合作	

说明：

• 评价人员：本人、同学、家长、教师等。

• 评价方式：采用赋分评价、评语结论评价等。

• 评价维度：语言表达是否清晰准确，问题分析是否全面准确，事件处理是否恰当，成果呈现是否完整，个人状态是否积极，团队合作是否有效。

• 总结反思：从成效、改进措施等方面进行。

涓涓细流，汇聚成海。每个公民每一次尊法的表现，每一次学法的努力，每一次守法的举动，每一次用法的实践，都将为法治中国建设增添浓墨重彩的一笔。

后　记

本教科书由教育部组织编写，经国家教材委员会审核通过。

国家教材委员会大中小学德育一体化专家委员会和思想政治审议专家委员会委员及相关专家，对教科书的编写与修改完善进行了悉心指导和严格把关。北京市、内蒙古自治区、辽宁省、浙江省、山东省、河南省、湖南省、四川省、云南省、青海省、新疆维吾尔自治区等地教育行政部门、教研部门及部分学校参与了试教试用，提出了很好的意见建议。同时，教科书还征求了中华职业教育社、中国职业技术教育学会等单位以及广大教研员和一线教师的意见。

高等教育出版社承担了教科书的编辑出版工作，在组织编写、编辑加工、制作印刷以及试教试用等方面给予了大力支持。中华全国总工会、中国文明网、中新图片等机构提供了照片资料。对教科书的编写、出版提供帮助的同仁和社会各界朋友还有很多，在此一并表示诚挚的谢意。

期盼广大师生、家长提出宝贵意见，我们将集思广益，对教科书不断修订完善。

联系方式

电　　话: 400-810-0598

电子邮箱: zzdf@pub.hep.cn

编　者

2023年8月